《援外医疗队葡萄牙语培训教材》编写委员会

主　委　王立基

副主委　田　民　李明柱　马　杰　王　雪

委　员　冯　勇　高燕萍　赵希杰

《援外医疗队葡萄牙语培训教材》（上、下）

主　编　丁宝年

编　辑　朱晴霞　伍凌嘉

PORTUGUÊS PARA AS EQUIPAS MÉDICAS CHINESAS

援外医疗队
葡萄牙语培训教材

上

四川大学出版社

特约葡语编辑:伍凌嘉
责任编辑:张　晶
责任校对:夏　宇
封面设计:米茄设计工作室
责任印制:李　平

图书在版编目(CIP)数据

援外医疗队葡萄牙语培训教材：全 2 册 / 丁宝年主编.
—成都：四川大学出版社，2012.7

ISBN 978－7－5614－6032－0

Ⅰ. 援… Ⅱ.①丁… Ⅲ.①葡萄牙语－教材 Ⅳ.
①H773

中国版本图书馆 CIP 数据核字（2012）第 162203 号

书名　**援外医疗队葡萄牙语培训教材(上、下)**

主　　编　丁宝年
出　　版　四川大学出版社
地　　址　成都市一环路南一段 24 号 (610065)
发　　行　四川大学出版社
书　　号　ISBN 978－7－5614－6032－0
印　　刷　郫县犀浦印刷厂
成品尺寸　190 mm×260 mm
印　　张　34.25
字　　数　1249 千字
版　　次　2012 年 7 月第 1 版
印　　次　2012 年 7 月第 1 次印刷
定　　价　198.00 元
　　　　　（全二册　含光盘）

◆读者邮购本书，请与本社发行科
　联系。电话:85408408/85401670/
　85408023 邮政编码:610065
◆本社图书如有印装质量问题，请
　寄回出版社调换。
◆网址:http://www.scup.cn

序 言

　　自1963年我国向阿尔及利亚派遣第一支援外医疗队以来，援外医疗队的规模逐渐扩大，我国已先后向亚、非、拉、欧、大洋洲的68个国家和地区派遣过援外医疗队。截至2010年底，我国在48个国家派有50支医疗队，共计1 200余名医疗队员，累计派出人数已超过2.2万人，为受援国2.6亿多患者提供了医疗服务。广大援外医疗队员发扬国际人道主义精神，克服重重困难，全心全意为受援国人民服务，促进了人民健康水平的提高和受援国卫生事业的发展，增进了中国人民和第三世界国家人民的友谊与合作，在我国对外交往中发挥了重要的作用。

　　随着国际形势的发展，广大受援国对我援外医疗队语言能力的要求越来越高。为此，卫生部组织编写了《援外医疗队葡萄牙语培训教材》，供医疗队葡萄牙语培训统一使用。

　　《援外医疗队葡萄牙语培训教材》分为上、下两册，包含基础葡萄牙语和医用葡萄牙语。教材针对医疗队员年龄和语言基础的特点，注重针对性和实用性，并配有语音材料。同时教材还配有教学大纲，规范教与学，为语言培训提供指导。希望医疗队员充分利用好教材，通过学习，打好基础葡萄牙语和医用葡萄牙语的基础，为国外生活与工作在语言上做好准备，以便更好地完成援外医疗任务。

卫生部国际合作司

2011年12月

Prefácio

A China enviou em 1963 a sua primeira equipa médica para a Argélia, e, desde então, as equipas médicas chinesas no estrangeiro vêm ganhando paulatinamente espaço, com uma cobertura total para 68 países e regiões da Ásia, África, América Latina, Europa e Oceânia. No final de 2010, mais de 1200 médicos chineses trabalhavam nas 50 equipas dispersas por 48 países do mundo. Ao longo desse tempo, a China já enviou mais de 22 mil médicos para prestar assistência médica, atendendo mais de 260 milhões de pacientes dos países destinatários.

Com o humanitarismo internacional na mente, os médicos chineses trabalham com todo o coração ao serviço desses povos, a despeito de diversas dificuldades a superar, dando a sua contribuição para o desenvolvimento dos serviços de assistência médica e melhoria da saúde dos povos dos países beneficiados, o que faz promover a amizade e a cooperação entre o povo chinês e outros povos do terceiro mundo, um factor muito importante nas relações da China com o exterior.

O mundo progride cada vez mais e os países onde trabalham as nossas equipas médicas esperam também que os médicos chineses possam aumentar cada vez mais a sua capacidade de expressão na língua local, razão pela qual o Ministério da Saúde procedeu à preparação e edição da publicação PORTUGUÊS PARA AS EQUIPAS MÉDICAS CHINESAS, à disposição dos médicos que trabalham em países de língua oficial portuguesa.

PORTUGUÊS PARA AS EQUIPAS MÉDICAS CHINESAS, com dois volumes, ensina conhecimentos básicos sobre a língua portuguesa e, também, termos e expressões para o uso clínico diário, tendo em consideração particularidades etárias e limites de aprendizagem de uma língua estrangeira por parte dos médicos a receber formação linguística. Trata-se de um manual bem adaptado às necessidades práticas dos serviços clínicos, apoiado pelas respectivas gravações em disco, além de um programa de ensino anexo.

Esperamos que os membros das equipas chinesas possam aproveitar o melhor possível esta publicação, a fim de aprenderem o português, e saberem usar as expressões necessárias na aplicação aos trabalhos quotidianos, algo indispensável para viver e trabalhar nesses países de expressão portuguesa, cumprindo assim melhor com os seus deveres.

Em Dezembro de 2011, Departamento da Cooperação Internacional do Ministério da Saúde da República Popular da China

目 录

第二部分　日常临床用葡萄牙语
Parte II　Português de Uso Clínico Diário

葡萄牙语字母表
Alfabeto de português

A	B	C	D	E	F	G	H	I	J
a	b	c	d	e	f	g	h	i	j
á	bê	cê	dê	é	éfe	gê/ guê	agá	i	jota

L	M	N	O	P	Q	R	S	T	U
l	m	n	o	p	q	r	s	t	u
éle	éme	éne	ó	pê	quê	érre	ésse	tê	u

V	X	Z
v	x	z
vê	xis	zê

注: 1. 葡萄牙语里 K（capa），W（duplo vê）和 Y（i grego）这三个字母只用于书写外来词。

    2. 葡萄牙语复合元音: ai au ei ãe

                     iu ui eu ão

                     oi õe ou

    每个复合元音是一个音节。

    3. 复合辅音: ch lh nh

    4. 附加符号（diacrítico）有: acento grave（ ` ），acento agudo（ ´ ），
acento circunflexo（ ^ ），til（ ~ ）。

第一部分　基础葡萄牙语

Parte I　Português básico

Primeira lição

A 课文 Texto

— Bom dia! Como está?

— Bom dia! Estou bem, obrigado.

— Olá! Boa tarde! Como está a senhora?

— Boa tarde! Estou bem, obrigada.

— Boa noite, senhor João.

— Boa noite, senhora Ana.

— Adeus!

— Adeus! Até amanhã.

B 词汇 Vocabulário

bom, boa *adj.* 好的, 良好的

dia *s.m.* 白天, 日子

como *adv.* 如何, 怎样

estar *v.* 是, 在

bem *adv.* 好, 行

obrigado *interj.* 谢谢

olá *interj.* 你好

tarde *s.f.* 下午

senhor *s.m.* 先生

senhora *s.f.* 女士, 太太

noite *s.f.* 晚上

adeus *interj.* 再见

até *prep.* 到, 直至

amanhã *adv.* 明天

C 学习提示 Dicas

学语音是学好一门外语的前提。用心听标准发音, 努力模仿, 反复练习是通向掌握正确语音、语调的唯一途径。学员必须认真跟随教员或录音材料勤学苦练, 同时也需要注意葡萄牙语语音的一些特点:

1. 葡萄牙语是拼音文字, 在语音学习阶段严格要求, 反复练习, 正确掌握语音会为以后阅读带来许多方便。

2. 学习时要特别注意葡萄牙语中一些和汉语差别较大的音素。例如, /t-d/和/p-b/这两对清浊辅音, 带摩擦的硬腭边音/lh/, 以及/r/这个舌尖颤音等。

3. 元音/a/, /e/和/o/分别有开、闭和作为鼻化元音的不同读音。如:

Maria（玛丽娅）

casa（*s.f.* 房子）

cama（*s.f.* 床）

manhã （*s.f.* 早晨）

rã（*s.f.* 青蛙）

maçã（*s.f.* 苹果）

Mário（马里奥）

pássaro（*s.m.* 鸟）

lápis（*s.m.* 铅笔）

telefone （*s.m.* 电话）

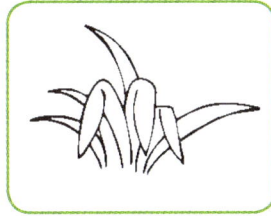

erva（*s.f.* 草）

estrela（*s.f.* 星星）

O Pedro e a Ana（佩德罗和安娜）

pêssego（*s.m.* 桃子）

chinês （*s.m.* 中国人）

amêndoa（*s.f.* 杏仁）

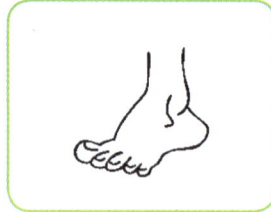

pé（*s.m.* 脚）

café（*s.m.* 咖啡）

médico（*s.m.* 医生）

o Pedro（佩德罗）

pato（*s.m.* 鸭子）

avô（*s.m.* 爷爷）

champô（*s.m.* 洗发水）

avó（*s.f.* 奶奶）

pó（*s.m* 粉）

4. 葡萄牙语多数单词由多个音节组成。在每个多音节单词里其中有一个音节应比其他音节读得更响亮，这个音节叫"重读音节"。要正确发音必须懂得分清音节，熟悉重读规则。

（1）分音节示范：

— Bom dia! Como está?（Bom di_a Co_mo es_tá）

— Bom dia! Estou bem, obrigado.（Bom di_a Es_tou bem o_bri_ga_do ）

— Olá! Boa tarde! Como está a senhora?（O_la Bo_a tar_de Co_mo es_tá a se_nho_ra）

— Boa tarde! Estou bem, obrigada.（Bo_a tar_de Es_tou bem o_bri_ga_da）

— Boa noite, senhor João.（Bo_a noi_te se_nhor Jo_ão）

— Boa noite, senhora Ana.（Bo_a noi_te se_nho_ra A_na）

— Adeus!（A_deus）

— Adeus! Até amanhã.（A_deus A_té a_ma_nhã）

（2）重读基本规则：

① 标有附加符号（ˊ`ˆ˜）的音节重读。

Luís （路易斯）	água （s.f. 水）	óptimo （好极了）	televisão （s.f. 电视）	família （s.f. 家庭）
espécie （s.f. 物种）	avião （s.m. 飞机）	simpático （adj. 态度好）	coração （s.m. 心脏）	paciência （s.f. 耐心）

② 无附加符号的单词，一般倒数第二音节重读。

modo （s.m. 方式）	carro （s.m 车）	alto （adj. 高的）	sala （s.f. 厅，室）	mala （s.f. 箱，包）
porta （s.f. 门）	ele （pron. 他）	boca （s.f. 口）	parque （s.m. 公园）	barco （s.m. 船）

③ 以下列字母组合结尾的单词最后一个音节重读：

al ar az el er il ir ul ol or

Portugal （s.m. 葡萄牙）	morar （v. 住）	capaz （adj. 能）	papel （s.m. 纸）	comer （v. 吃）

D 补充注释　Notas

s.m.　阳性名词

s.f.　阴性名词

adj.　形容词

pron. pess.　人称代词

pron.　代词

v.　动词

adv.　副词

prep.　前置词

s. 2 gen.　双性名词

s.m. pl.　阳性名词复数

interj.　感叹词

p.p.　过去分词

说明：加在字母c下方小尾型符号（¸ Cedilha），使字母c在"a"，"o"和"u"前发字母s的音，即ça=sa；ço=so；çu=su。

Segunda lição

A 课文 Texto

— Como é que se chama?

— Chamo-me Rosa.

— Chama-se João?

— Não, chamo-me Jorge.

— A senhora chama-se Laura Silva?

— Sim, sim. Chamo-me Laura Silva.

— O senhor chama-se José Madeira?

— Não, não. Eu chamo-me Rui Costa.

— Boa tarde, eu chamo-me Ana Margarida.

— E o senhor como é que se chama?

B 词汇 Vocabulário

chamar   *v.*   称呼, 叫

eu   *pron. pess.*   我

você   *pron. pess.*   你

sim   *adv.*   是, 行

não   *adv.*   不是, 不行

C 注释 Notas

1. O 是阳性定冠词, 其阴性为A。

2. chama-se他(她, 你)叫……   chamo-me 我叫……

3. que 常用作代词, 表示疑问("什么?")和惊叹("多么!"), 或在复句中作连词。但é que只起加强语气的作用: Como é que se chama? = Como se chama?

D 动词变位 Conjugação

和汉语不同, 葡萄牙语动词(verbo)会因人称、发生时间和表达方式的不同而产生形态上的变化, 并引起语音上相应的变异, 这就是动词的"变位"(conjugação)。多数动词变位有规律, 部分动词变位不规则。

陈述式现在时(presente do indicativo)是动词的一种最基本的变位, 也是本教材学习的重点。陈述式现在时用来表述现在或经常性的动作或状态、被确认的事实或即将发生的事。

现以规则变位动词chamar, beber和partir以及不规则变位动词estar和ter的陈述式现在时为例说明葡萄牙语动词变位的现象：

	chamar	beber	partir	estar	ter
eu	chamo	bebo	parto	estou	tenho
tu	chamas	bebes	partes	estás	tens
você	chama	bebe	parte	está	tem
ele	chama	bebe	parte	está	tem
ela	chama	bebe	parte	está	tem
vós	*chamais*	*bebeis*	*partis*	*estais*	*tendes*
nós	chamamos	bebemos	partimos	estamos	temos
eles	chamam	bebem	partem	estão	têm
elas	chamam	bebem	partem	estão	têm
vocês	chamam	bebem	partem	estão	têm

注: vós 这一人称，不常用，不作为学习的重点，一般了解即可。

E 练习　Exercícios

1. Chamo-me Rosa.
2. Chama-se João.
3. O médico chama seu paciente em seu consultório.
4. Nós estamos aqui e vocês estão aí.
5. A casa está aqui.
6. O hospital está ali.
7. Hoje estou ocupado.
8. Ora está muito calor, ora está muito frio.
9. Eu tenho um lápis.
10. A criança tem dois anos.
11. Hoje não temos aula.
12. Eu bebo água e tu bebes cerveja.
13. O barco parte sempre a esta hora.

第三课　**Terceira lição**

A　课文　Texto

Eu sou médico.

Tu és chinês?

Ele é médico, mas ela não é médica.

Nós somos médicos e elas são enfermeiras.

O senhor é o Doutor Afonso Henriques?

Sim, sou eu mesmo. E o senhor?

Eu sou Wang Lin, médico da equipa chinesa.

Nós somos chineses, somos de Sichuan.

De onde é ele?

Ele é de Chengdu.

Ele é polícia, não é condutor.

B　词汇　Vocabulário

médico　*s.m.*　医生		equipa　*s.f.*　队	
chinês　*s.m.*　中国人		de　*prep.*　来自……, 是……的	
enfermeira　*s.f.*　护士		onde　*adv.*　哪儿, 在……地方	
doutor　*s.m.*　医生（博士）		polícia　*s.m.*　警察	
mesmo　*adv.*　就是		condutor　*s.m.*　司机	

C　动词变位　Conjugação

动词ser的陈述式现在时

eu	**sou**	eu	**não sou**
tu	**és**	tu	não **és**
você	**é**	você	não **é**
ele	**é**	ele	não é
ela	**é**	ela	não é
nós	**somos**	nós	não **somos**
vocês/ eles / elas	**são**	vocês	não **são**

D 对话　Diálogo

— A senhora é enfermeira?

— Não, eu não sou enfermeira. Sou professora.

— O senhor não é enfermeiro?

— Não sou. Sou médico.

— Ele é condutor?

— Sim, ele é condutor.

E 语法　Gramática

定冠词用在名词的前面，指特定的人、事和物，分阳性（o）、阴性（a），并且有单数和复数（os, as）的区别。

不定冠词用在名词的前面，泛指人、事和物，分阳性（um）、阴性（uma），也有单数和复数（uns, umas）的区别。

F 练习　Exercícios

A Maria é uma mulher.

（A Maria é mulher.）

O pai do Pedro é um operário.

（O pai do Pedro é operário.）

Eu tenho um amigo português.

O meu amigo português é um dentista.

（O meu amigo português é dentista.　）

A Maria é a mulher do Pedro.

O Pedro é o marido da Maria.

G 学习提示　Dicas

练习中的um和uma都是不定冠词，而非量词。

da=de+a（前置词de和阴性定冠词a的连写）

do=de+o（前置词de和阳性定冠词o的连写）

Quarta lição

A 葡萄牙语的基数词　Números cardinais portugueses

zero	0	trinta	30
um/uma	1	quarenta	40
dois/duas	2	cinquenta	50
três	3	sessenta	60
quatro	4	setenta	70
cinco	5	oitenta	80
seis	6	noventa	90
sete	7	cem	100
oito	8	cento e um/uma	101
nove	9	duzentos/duzentas	200
dez	10	trezentos/trezentas	300
onze	11	quatrocentos/quatrocentas	400
doze	12	quinhentos/quinhentas	500
treze	13	seiscentos/seiscentas	600
catorze	14	setecentos/setecentas	700
quinze	15	oitocentos/oitocentas	800
dezasseis	16	novecentos/novecentas	900
dezassete	17	mil	1 000
dezoito	18	cinco mil	5 000
dezanove	19	dez mil	10 000
vinte	20	cem mil	100 000
vinte e um/uma	21	um milhão	1 000 000

B 语法　Gramática

葡萄牙语的名词（substantivo）和形容词（adjetivo）有性和数的变化。例如：

chinês　中国的（阳性）　　　　　chinesa　中国的（阴性）

chineses　中国的（阳性复数）　　　chinesas　中国的（阴性复数）

chinês　*s.m.*　中国人，中文（Flex.: chinesa, chineses, chinesas）

português　*s.m.*　葡萄牙人，葡萄牙文（Flex.: portuguesa, portugueses, portuguesas）

C 对话 Diálogo

Aluno: Boa noite! Eu chamo-me João e sou português. E tu?

Aluna: Chamo-me Ana e também sou portuguesa. E ele?

Aluno: Ele chama-se Zhang Ping; é chinês.

Aluna: E ela?

Aluno: Ela chama-se Wang Mei e também é chinesa.

Aluna: E qual é a nacionalidade do professor?

Aluno: É português; chama-se Álvaro Campos.

D 练习 Exercícios

仿照例句填空:

"Eu sou português; sou de Portugal. Eu falo português."

1. Ela é francesa; é (　　　　　) (　　　　　　). Ela (　　　　　　) francês.

2. Vocês (　　　　　) (　　　　　); (　　　　　) (　　　　　　) Inglaterra. (　　　　　)
(　　　　　) (　　　　　).

3. A Mei e o Ping (　　　　　) chineses; (　　　　　) (　　　　　) (　　　　　). (　　　　　)
(　　　　　) (　　　　　).

4. A Sofia e a Gina (　　　　　) (　　　　　). (　　　　　) (　　　　　) (　　　　　) (　　　　　).
(　　　　　) (　　　　　) italiano.

选词填空:

portugês / portuguesa / portugueses / portuguesas

1. Ela é (　　　　　); fala (　　　　　) e chinês.

2. O João é (　　　　　); só fala (　　　　　).

3. Eles falam (　　　　　) mas não são (　　　　　).

4. Elas são (　　　　　); falam muito bem (　　　　　).

E 补充词汇 Vocabulário

nacionalidade　*s.f.*　国籍

professor　*s.m.*　老师

falar　*v.*　讲, 说话

França　*s.f.*　法国

francês　*s.m.*　法国人, 法语

Inglaterra　*s.f.*　英国

inglês　*s.m.*　英国人, 英语

Itália　*s.f.*　意大利

italiano　*s.m.*　意大利人, 意大利语

Quinta lição

A 课文 Texto

— Como se chama o senhor?

— Chamo-me Joaquim Antunes.

— Onde é que mora o senhor?

— Eu moro na Avenida Almirante.

— Quantos anos tem?

— Tenho 35 anos.

— Qual é a sua profissão?（O que é que o senhor faz？）

— Sou médico.

— Onde é que trabalha?

— Trabalho no Hospital Central de Maputo.

— Qual é o seu número de telefone?

— É o 526236.

B 词汇 Vocabulário

avenida	*s.f.*	大街	hospital	*s.m.*	医院
quanto	*pron.*	多少	central	*adj.*	中心的
ano	*s.m.*	年，岁	número	*s.m.*	数
profissão	*s.f.*	职业	em	*prep.*	在，位于
qual	*pron.*	哪个			

C 注释 Notas

na = em + a   no = em + o

Maputo 莫桑比克首都马普托

D 动词变位 Conjugação

动词 trabalh**ar** 的陈述式现在时：

eu	trabalh**o**	vós	trabalh**ais**
tu	trabalh**as**	nós	trabalh**amos**

você	trabalha	vocês	trabalham
ele	trabalha	eles	trabalham
ela	trabalha	elas	trabalham

动词 dar 的陈述式现在时：

eu	dou	vós	dais
tu	dás	nós	damos
você	dá	vocês	dão
ele	dá	eles	dão
ela	dá	elas	dão

动词 morar 的陈述式现在时：

eu	moro	vós	morais
tu	moras	nós	moramos
você	mora	vocês	moram
ele	mora	eles	moram
ela	mora	elas	moram

动词 fazer 的陈述式现在时：

eu	faço	vós	fazeis
tu	fazes	nós	fazemos
você	faz	vocês	fazem
ele	faz	eles	fazem
ela	faz	elas	fazem

动词 saber 的陈述式现在时：

eu	sei	vós	sabeis
tu	sabes	nós	sabemos
você	sabe	vocês	sabem
ele	sabe	eles	sabem
ela	sabe	elas	sabem

E 练习　Exercícios

1. Eu trabalho de dia e ela trabalha à noite.
2. Trabalham em três turnos fixos: manhã, tarde e noite.
3. Ele me dá apoio.
4. A ferida dá mau cheiro.

5. Dou-lhe chá.

6. Este carro não dá para tanta gente.

7. Hoje faz muito frio.

8. Os rapazes fazem a barba uma vez por semana.

9. Faz a cama ao levantar-se.

10. A máquina faz muito barulho.

11. Quem faz o jantar em casa?

12. Fumar faz mal à saúde.

13. O avô não sabe que eu já tenho dezoito anos?

请用葡萄牙语回答下列问题:

1. Qual é a profissão do senhor Zhang Ping?

2. Quantos anos tem ele?

3. De onde é ele?

4. Que língua é que o Zhang Ping fala?

5. Qual é a nacionalidade do senhor Zhang Ping?

6. A Ana é a mulher do director do hospital?

7. Qual é o número de telefone dele?

8. Onde é que o senhor Zhang Ping mora?

9. Ele sabe falar português?

10. Ele trabalha no Hospital Central de Maputo?

11. Como se chama o director do Hospital Central de Maputo?

12. Quem é a Ana?

13. O José e a Ana não têm criança?

14. O José é o marido da Ana?

15. A Ana é uma enfermeira?

16. O José também é enfermeiro?

17. Quantos filhos é que eles têm?

18. Os filhos do José e da Ana são estudantes?

19. Como é que se chama a filha do José e da Ana?

20. Ela mora com os pais?

21. Ela é casada?

F 补充词汇　Vocabulário

língua	*s.f.*	舌; 语言
filho	*s.m.*	儿子
filha	*s.f.*	女儿
estudante	*s. 2gen.*	学生

com	*prep.*	与……在一起
casado	*adj.*	已婚的
solteiro	*adj.*	单身的
quem	*pron.*	谁

Sexta lição

A 课文 Texto

— Como é que ele é?
— Ele é **alto**.

— Como é que ela é?
— Ela é **baixa**.

— Como é que eles são?
— Eles são **gordos**.

— Como é que elas são?
— Elas são **magras**.

Eles são **velhos**. O Pedro é **velho** e a Maria é **velha**.

O José é **novo** e o João é **de meia idade**.

O Mário é **forte**.
A Ana é **inteligente**.

O Rui é **fraco**.
O António é **trabalhador.**

Ela tem a cara **redonda**.

Ela tem a cara **oval.**

Eles têm a cara **comprida**.

A Lurdes tem **óculos.** (A Lurdes usa **óculos.**)

A Teresa tem o cabelo **curto**.

O Sr. Augusto é **careca**.

B 词汇　Vocabulário

alto	*adj.*	高大的	
baixo	*adj.*	矮的	
gordo	*adj.*	肥胖的	
magro	*adj.*	瘦的	
velho	*adj.*	年长的，老的	
novo	*adj.*	新的	
meio	*adj.*	中间的	
idade	*s.f.*	年纪	
forte	*adj.*	强壮的	
fraco	*adj.*	虚弱的	

inteligente	*adj.*	聪明的	
trabalhador	*adj.*	勤劳的	
cara	*s.f.*	脸	
redondo	*adj.*	圆的	
oval	*adj.*	椭圆的	
comprido	*adj.*	长的	
óculos	*s.m. pl.*	眼镜	
cabelo	*s.m.*	头发	
curto	*adj.*	短的	
careca	*adj.*	秃顶	

C 练习　Exercícios

1. A Ana é nova e tem o cabelo comprido e liso.

2. A Teresa é nova e tem o cabelo curto.

3. O senhor Antunes é velho, tem óculos e bigode, e é careca.

4. O senhor José tem o cabelo curto e preto.

5. O Joaquim é novo, gordo e tem o cabelo curto.

6. A Alice é nova, bonita e tem o cabelo comprido e ondulado.

7. A Maria é velha e tem óculos. Ela é simpática.

8. O Rui é novo, tem o cabelo curto e tem óculos.

9. O senhor Manuel não é muito velho mas tem uma barba muito branca.

10. O António é preguiçoso.

11. O sangue é vermelho, mas as veias são vistas azuladas.

12. A neve é branca.

13. O carvão é preto.

14. As frutas, legumes e vegetais são ricos em vitaminas, minerais e fibras.

D 补充词汇　Vocabulário

liso *adj.* 平滑的	neve *s.f.* 雪
bigode *s.m.* 小胡子	branco *adj.* 白色的
preto *adj.* 黑色的	carvão *s.m.* 煤
bonito *adj.* 漂亮的	fruta *s.f.* 水果
ondulado *adj.* 波浪型的	legume *s.m.* 蔬菜
barba *s.f.* 胡子	rico *adj.* 富有的
preguiçoso *adj.* 懒惰的	vegetal *adj. s.m.* 植物的, 蔬菜
simpático *adj.* 客气的, 和蔼可亲的, 态度好的	fibra *s.f.* 纤维
sangue *s.m.* 血液	vitamina *s.f.* 维生素
vermelho *adj.* 红的	mineral *adj. s.m* 矿物的, 矿物质
veia *s.f.* 静脉	

第七课 **Sétima lição**

A 课文 Texto

Este lápis é pequeno.
Aquele lápis é grande.

Estes carros aqui são brancos.
Aqueles carros ali são vermelhos.

Esta estrada é estreita.
Aquela estrada é larga.

Estas casas são baixas.
Aqueles edifícios são altos.

Esta cama não é bonita.
Essa cama é muito bonita.

Esta caneta é do professor.
Essa caneta não é do professor.

A casa está aqui.
Os edifícios estão ali.

Esta maçã está aqui.
Aquelas bananas estão ali.

B 词汇 Vocabulário

pequeno   *adj.*   小的
grande   *adj.*   大的
carro   *s.m.*   车
estrada   *s.f.*   公路
estreito   *adj.*   窄的
largo   *adj.*   宽大的
baixo   *adj.*   矮的

alto   *adj.*   高的
bonito   *adj.*   漂亮的
edifício   *s.m.*   楼房
maçã   *s.f.*   苹果
banana   *s.f.*   香蕉
aqui   *adv.*   这儿
ali   *adv.*   那儿

C 语法 Gramática

指示代词指称人或事物, 有性和数的变化。

este, esta, estes, estas   这个, 指称靠近说话者的人或事物。

aquele, aquela, aqueles, aquelas   那个, 指称远处的人或事物。

esse, essa, esses, essas   (你)这个, 指称靠近对话者的人或事物。

对话　Diálogo

— O que é isto?

— Isto é uma mesa.

— O que é aquilo?

— Aquilo é uma cadeira.

— O que é aquilo?

— Aquelas são pinças.

— O que é isso?

— Isto é uma tesoura.

— O que é isso?

— Isto é um termómetro.

— Aquilo é um fonendoscópio（estetoscópio）?

— Não, aquilo não é um fonendoscópio. É um esfigmomanómetro（aparelho de pressão）.

E 补充词汇　Vocabulário

mesa　*s.f.*　桌子

cadeira　*s.f.*　椅子

pinça　*s.f.*　镊子

tesoura　*s.f.*　剪子

termómetro　*s.m.*　温度计

fonendoscópio（estetoscópio）　*s. m.*　听诊器

esfigmomanómetro　*s.m.*　血压计

aparelho　*s.m.*　器械

pressão　*s.f.*　压力

F 学习提示　Dicas

isto = esta coisa ou estas coisas　这个=这样或这些东西，指称靠近说话者的泛指指示代词。

aquilo = aquela coisa ou aquelas coisas　那个=那样或那些东西，指称远处的泛指指示代词。

isso = essa coisa ou essas coisas　这个，这些，指称靠近对话者的泛指指示代词。

Oitava lição

João

Ana

Maria

Pedro

Mário

Laura

Filipe

Rita

Joana

Carina

Márcio

1. O João é o **marido** da Ana. A Ana é a **mulher** do João.

2. O Pedro e o Mário são os **filhos** do João e da Ana.

3. O Pedro e o Mário são **irmãos**.

4. A Maria é a **mulher** do Pedro e a Laura é a **mulher** do Mário.

5. A Maria e o Pedro têm um **filho**, o Filipe e duas **filhas**: a Rita e a Joana.

6. A Carina é a **irmã** do Márcio.

7. A Rita e a Joana são as **primas** da Carina e do Márcio, e o Filipe é o **primo**.

8. O João é o **avô** do Filipe, da Rita, da Joana, da Carina e do Márcio.

9. A Ana é a **avó**.

10. Os filhos do Pedro e os filhos do Mário são os **netos** do João e da Ana.

11. O Filipe e o Márcio são os **netos** e a Rita, a Joana e a Carina são as **netas**.

12. A Maria é a **cunhada** do Mário. Ela é a **tia** da Carina e do Márcio.

13. O Mário é o **tio** do Filipe, da Rita e da Joana.

14. O Filipe, a Rita e a Joana são os **sobrinhos** do Mário e da Laura.

15. A Carina é a **sobrinha** do Pedro e da Maria e o Márcio é o **sobrinho**.

B 词汇 Vocabulário

irmão *s.m.* 兄弟

irmã *s.f.* 姐妹

pai *s.m.* 父亲

mãe *s.f.* 母亲

mulher *s.f.* 女人，妻子

marido *s.m.* 丈夫

filho *s.m.* 儿子

filha *s.f.* 女儿

primo *s.m.* 堂兄弟，表兄弟

prima *s.f.* 堂姐妹，表姐妹

cunhado *s.m.* （同一辈）姻亲

avô *s.m.* 祖父，外祖父

avó *s.f.* 祖母，外祖母

neto *s.m.* 孙子，外孙子

neta *s.f.* 孙女，外孙女

tio *s.m.* 叔伯，舅舅

tia *s.f.* 姨妈，舅妈

sobrinho *s.m.* 侄子，外甥

sobrinha *s.f.* 侄女，外甥女

C 语法 Gramática

不同于中文人称代词，葡萄牙语的人称代词在不同位置上会出现不同的形态。如，第一人称单数（"我"）作主语时为 "eu"，在宾语位置上为 "me" 等。

主格 eu tu você/ele/ela nós eles/elas/vocês

宾格 me te/ti se/lhe nos se/lhes

D 练习 Exercícios

1. **Eu** sou médico.

2. Ele **me** dá um comprimido todos os dias.

3. **Nós** somos médicos.

4. O pai dá-**nos** cada dia o pão necessário.

5. **Ele** vem da escola.

6. Fazemos-**lhe** um grande favor.

7. **Tu** és o amigo do meu filho, o Pedro?

8. A fruta faz-**te** bem.

E 动词变位 Conjugação

动词 **dever** 和 **querer** 的陈述式现在时：

	dever	querer
eu	dev**o**	quero
tu	dev**es**	queres
você/ele/ela	dev**e**	quer
nós	dev**emos**	queremos
vocês/eles/elas	dev**em**	qurem

1. O senhor deve falar com o director.
2. Devemos fazer ginástica todos os dias.
3. O director deve chegar logo.
4. Este deve ser um trabalho muito difícil.
5. O que é que o senhor quer fazer agora?

G 泛读课文 Leitura

Obrigado.	谢谢。
De nada.	不用谢。
Desculpe, posso entrar?	对不起,我能进去吗?
Desculpe, posso passar?	对不起,我能过去吗?
Faz favor!	请!
Pode, pode.	可以,可以。
Com licença.	对不起,劳驾。(离开位置等场合给旁人打招呼的客套话。被打招呼的对象可不说话,点头示意即可。)

Só um momento.	请稍等!	Só um minuto.	请稍等!
Espere um bocadinho.	请等一等!	Um momento.	等一等!
Um minuto.	等一等!		
Desculpe. 对不起!	Desculpe, foi sem querer.	对不起,不是有意的。
Não faz mal. 没有事。	Não tem importância.	没有关系。
Desculpe, é um engano. 对不起,搞错了。	Não faz mal.	没有事。

H 动词变位 Conjugação

动词haver的陈述式现在时:

eu	hei	tu	hás	ele/ela/você	há
nós	havemos	vós	haveis	eles/elas/ vocês	hão

I 练习 Exercícios

Há vinte mesas na sala de aula.	教室里有二十张桌子。
Há muitas palavras que não entendo.	许多单词我不懂。

第九课 **Nona lição**

A 课文 Texto

— Para onde vai?

— Vou ao hospital.

— Vou trabalhar no hospital.

— Onde trabalha você?

— Trabalho num hospital. Trabalho no Hospital N.º 1 de Chengdu.

— O que é que faz no hospital?

— Sou enfermeiro.

— Aonde vão eles?

— Eles vão para casa.

— De onde eles vêm?

— Eles vêm do hospital.

注: aonde=a+onde去哪儿 aonde同para onde; a和para都是说明运动方向的前置词。请注意这一课的前置词a和第二课中的定冠词a的区别。

B 动词变位 Conjugação

	ir	vir	levar	trazer	tomar
eu	vou	venho	lev**o**	trago	tom**o**
tu	vais	vens	lev**as**	trazes	tom**as**
você/ele/ela	vai	vem	lev**a**	traz	tom**a**
nós	vamos	vimos	lev**amos**	trazemos	tom**amos**
vocês/eles/elas	vão	vêm	lev**am**	trazem	tom**am**

C 语法 Gramática

1. "O que é que faz no hospital?" 中的faz是陈述式现在时，表示一个经常性的动作。这一句不是问"现在在干什么?"，而是"你是(常常)干什么的?"，即为了解别人的职业。

2. 动词ir表示"去"，在其后加原动词则可以表示即将发生的动作:

— Para onde **vai**?

— **Vou** ao hospital. **Vou trabalhar** no hospital.

Vai chover.

Vai vir.

Vão sair agora.

Vou medir-lhe a temperatura.

Vou medir-lhe a pulsação.

Daqui a pouco **vou dormir**.

D 练习　Exercícios

1. O pai leva o filho à escola.

2. O filho traz um livro da escola.

3. A menina leva um chapéu muito bonito.

4. Você toma o pequeno-almoço às 8 horas e às 10 horas está com fome?

5. O que você toma, chá ou café?

6. Eu tomo um comprimido depois do jantar.

7. Hoje vou tomar banho.

8. O homem toma-me o pulso, pulso normal.

9. Vou trazer-lhe um aparelho de pressão ainda amanhã.

10. Ele vai fazer análise de sangue amanhã?

11. Ele quer fazê-lo agora.

12. Quero fazê-lo já agora.

E 学习提示　Dicas

1. às =a+as　a是前置词，as是阴性定冠词a的复数。

2. com表示"和……一起，和……有关，因……，带，具有……"等的前置词。

3. fazê-lo = fazer+o这个o是中性代词，代替isto, isso 或aquilo。

4. num=em+um

F 泛读课文　Leitura

— Está? É de casa do Dr. Simões?

— Sim, sou eu.

— Daqui fala Alice Pontes. Posso ir agora ao seu consultório, doutor?

— Agora não pode. Estou muito ocupado. Só mais tarde.

— Então, a que horas posso ir até aí?

— O que é que tem?

— Estou muito doente. Dói-me a cabeça e tenho febre.

— Tem tosse?

— Não tenho. Acho que estou constipada.

— Há quanto tempo é que a senhora está assim doente?

— Desde há dois dias.

— Há alguém em casa que também fica doente?

— Há, sim. O meu marido também está com febre.

— Bem, nesse caso tenho de atendê-los agora mesmo.

— Muito obrigada, até já.

G 补充词汇　Vocabulário

consultório	*s.m.* 诊室	achar	*v.* 觉得
doutor	*s.m.* 大夫	constipado	*adj.* 伤风感冒
ocupado	*adj.* 忙	assim	*adv.* 如此
doente	*adj.* 有病的	desde	*prep.* 自从
doer	*v.* 疼痛	alguém	*pron.ind.* 有人, 某人
cabeça	*s.f.* 头	nesse caso	这样的话
febre	*s.f.* 发烧	atender	*v.* 接待, 看病
tosse	*s.f.* 咳嗽	até já	一会儿见

Décima lição

A 课文 Texto

Em Portugal, os bancos abrem cinco dias por semana, das 8 da manhã às três e meia da tarde. Não fecham à hora do almoço. As lojas, normalmente, abrem às nove e fecham às sete da tarde. À hora do almoço, fecham da uma às três. Ao sábado à tarde e ao domingo estão fechadas. As lojas dos centros comerciais estão abertas todos os dias, das 10 da manhã, às nove ou dez da noite. Os escritórios e serviços públicos funcionam das nove da manhã às cinco e meia da tarde, com um intervalo para almoço da uma às três.

B 词汇 Vocabulário

banco *s. m* 银行

abrir *v.* 打开, 张开

fechar *v.* 关闭

loja *s.f.* 商店

normalmente *adv.* 通常, 一般

sábado *s.m.* 星期六

domingo *s.m.* 星期天

centro *s.m.* 中心

comercial *adj.* 商业的, 贸易的

aberto *adj.* 打开的

escritório *s.m.* 办公室

serviços públicos 机关(办事机关)

funcionar *v.* 办公, 起作用

intervalo *s.m.* 间歇, 课间休息, 间断

com *prep.* 与……一起, 有……, 与……有关

C 泛读课文 Leitura

— Que horas são?　—É uma hora.

　　　　　　　　　　É meio-dia.

　　　　　　　　　　É meia-noite.

　　　　　　　　　　São sete horas.

　　　　　　　　　　São cinco horas da tarde.（São dezassete horas.）

　　　　　　　　　　São onze horas da noite.（São vinte e três horas.）

　　　　　　　　　　São nove e um quarto.

　　　　　　　　　　São duas e meia.

　　　　　　　　　　É um quarto para as três.

　　　　　　　　　　São três e vinte.

　　　　　　　　　　São vinte e cinco para as duas（São duas menos vinte e cinco.）

　　　　　　　　　　São dez para as seis.（São seis menos dez.）

物主代词是表示属于"谁的"意思的代词，有性、数的变化，如meu, meus, minha, minhas; seu, seus, sua, suas; nosso, nossos, nossa, nossas.

Eu: meu（s）— minha（s）

Eu tenho um irmão e uma irmã. A **minha** irmã é enfermeira. O **meu** irmão é médico.

Tu: teu（s）— tua（s）

Tu tens um amigo português e duas amigas chinesas. O **teu** amigo está em Portugal e as **tuas** amigas trabalham em Chengdu.

Você, ele, ela: seu（s）— sua（s）

— Este jornal é **seu**, senhor Marques?

— É **meu**, mas pode ler. Essa revista é sua?

Nós: nosso（s）— nossa（s）

A **nossa** escola é moderna e os **nossos** professores são simpáticos.

Vocês（vós）: vosso（s）— vossa（s）

— Aquele é o **vosso** carro?

— Não, o **nosso** está na garagem.

E 练习　Exercícios

1. O meu pai trabalha numa farmácia.
2. A minha mãe trabalha no Hospital Huaxi.
3. A sua irmã é enfermeira.
4. Um dos seus irmãos estuda na China.
5. Os nossos carros estão aqui.
6. As nossas bandeiras são vermelhas.
7. Este é o meu estetoscópio（fonendoscópio ）.
8. Aquele esfigmomanómetro（aparelho de pressão）não é seu.

Décima primeira lição

A 课文 Texto

Que dia é hoje? Hoje é 25 de Janeiro.

Que dia da semana é hoje? Hoje é segunda-feira.

Uma semana tem sete dias.

Os dias da semana são: segunda-feira, terça-feira, quarta-feira, quinta-feira, sexta-feira, sábado e domingo.

O fim-de-semana são dois dias: sábado e domingo.

Um mês tem quatro semanas. Os meses são: Janeiro, Fevereiro, Março, Abril, Maio, Junho, Julho, Agosto, Setembro, Outubro, Novembro e Dezembro.

Um ano tem doze meses.

Hoje é segunda-feira, 25 de Janeiro. Amanhã é terça.

Tomo o pequeno-almoço todos os dias: de segunda a domingo.

B 动词变位 Conjugação

	ficar	ver	olhar	dizer
eu	fico	vejo	olho	digo
tu	ficas	vês	olhas	dizes
você/ele/ela	fica	vê	olha	diz
nós	ficamos	vemos	olhamos	dizemos
vocês eles/elas	ficam	vêem	olham	dizem

C 练习 Exercícios

1. Você vai sair e nós ficamos em casa.

2. Ele não pode ficar sozinho.

3. Fico muito cansada depois de uma aula.

4. Eu fico muito contente com este novo carro.

5. Sempre que eu tenho gripe fico com 40º de febre.

6. Ela vê televisão todos os dias.

7. Sem óculos ele não vê nada.

8. Olho para frente e não vejo nada.

9. Ele diz que elas vão chegar amanhã.

10. O senhor quer mais café?

D 语法 Gramática

名词和形容词的性和数的变化规律：

1. 以o结尾的阳性名词和形容词，将其结尾的o变成a，则成为阴性；在o或a后面加s就变成复数。

如：baix**o** – baix**a** –baix**os** – baix**as**

fil**ho** – fil**ha** – fil**hos** – fil**has**

2. 以ista, ante等为词尾的是双性（2 géneros）名词和形容词，其后加s就变成复数。

如：dent**ista** – dent**istas**

estud**ante** – estud**antes**

3. 以dor结尾的阳性名词和形容词在其结尾加a，则成为阴性；复数分别为dores, doras。

如：trabalha**dor** – trabalha**dora**

trabalha**dores** – trabalha**doras**

4. 以al, el, il, ol, ul, z等结尾的名词和形容词，其复数结尾分别为ais, éis, eis, óis, uis, zes。

如：pesso**al** – pesso**ais**　　　jorn**al** – jorn**ais**

hot**el** – hot**éis**　　　past**el** – past**éis**

difíc**il** – difíc**eis**　　　fác**il** – fác**eis**

espanh**ol** – espanh**óis**　　　az**ul** – az**uis**

rapa**z** -rapa**zes**

5. 以m, r, s等结尾的名词和形容词，其复数结尾分别为ns, es。

如：bo**m** – bo**ns**　　　home**m** – home**ns**

co**r** – co**res**　　　lugar – lugares

país – países　　　portuguê**s** – portugue**ses**

E 泛读课文 Leitura

— Concordo. / Não concordo.　　　同意。/不同意。

— Acho que sim. / Acho que não.　　　我觉得是这样。 /我觉得不是这样。

— Deve ter razão. / Não acredito.　　　可能有道理。/我不相信。

— Não acredito muito.　　　我不是太相信。

Décima segunda lição

A 课文 Texto

Normalmente, o José levanta-se às sete horas da manhã. Depois lava-se e toma o pequeno-almoço com os pais. Às oito horas apanha o autocarro. Às oito e meia, vai a um café perto do trabalho e toma um café com os colegas. Os colegas dele tomam o pequeno-almoço neste café. Às dez para as nove eles vão para o trabalho juntos.

Ao meio-dia e meia o José e os amigos almoçam num restaurante barato, não muito longe do trabalho. Às duas e vinte e cinco eles voltam para o escritório e trabalham até às cinco e meia.

O José janta com a família e depois fica em casa. Às onze horas deita-se.

B 词汇 Vocabulário

levantar-se *v.* 起立, 起床	junto *adj.* 一起
lavar-se *v.* 盥洗	restaurante *s.m.* 餐厅
apanhar *v.* 拣, 乘	ao meio-dia e meia 中午十二点半
autocarro *s.m.* 公交车	barato *adj.* 便宜的
café *s.m.* 咖啡, 咖啡馆	longe de 远离
perto de 靠近	voltar *v.* 返回
trabalho *s.m.* 工作, 工作单位	deitar-se *v.* 躺下, 睡觉
colega *s.m.* 同事, 同学	

C 语法 Gramática

形态: 将原动词的结尾**ar, er, ir**等分别变为**o, as, a, amos, ais, am; o, es, e, emos, eis, em**或**o, es, e, imos, is, em**.

用法: 陈述式现在时表述现在或经常性的动作、状态, 被确认的事实或即将发生的事。如:

1. 现在或经常性的动作、状态:

　　Eu levanto-me sempre às 6 horas.

　　— O que faz o senhor?

　　— Sou analista clínico e trabalho num laboratório.

　　Normalmente almoçamos às 13 horas e jantamos às 20h00.

　　A neve é branca.

2. 被确认的事实:

A Ana fala inglês muito bem.

Estudamos o português.

Chamo-me Laura Silva.

O João é português, é de Lisboa.

Tenho 30 anos.

Estou com febre.

3. 即将发生的事:

Telefono-te amanhã.

Amanhã trago-te um presente.

D 动词变位　Conjugação

	Pôr	Entrar	Sair	Sentar-se
eu	ponho	entro	saio	sento-me
tu	pões	entras	sais	sentas-te
você/Ele/ Ela	põe	entra	sai	senta-se
nós	pomos	entramos	saímos	sentamo-nos
vocês/Eles/ Elas	põem	entram	saem	sentam-se

E 练习　Exercícios

1. Ponho as mãos sobre a mesa.

2. Eu só ponho dinheiro no banco.

3. Vai pôr sal ou açúcar na sopa?

4. Nós entramos na sala de aula às oito e meia.

5. Ele sai do hospital às cinco da tarde.

6. A mãe senta-se ao lado do seu filho

F 泛读课文一　Leitura I

1. — Vai trabalhar agora?

— Vou trabalhar agora.

— Vamos trabalhar agora.

— Quer trabalhar agora?

— Gosta de trabalhar agora?

— Deve trabalhar agora?

— Pode trabalhar agora?

— Tem de trabalhar agora?

— Hei-de trabalhar agora!

2. — Vai sair agora?

— Quer sair agora?

— Gosta de sair agora?

— Devemos sair agora?

— Posso sair agora?

— Temos de sair agora.

— Hei-de sair agora.

3. — Vai começar agora?

— Quer começar agora?

— Gosta de começar agora?

— Devemos começar agora?

— Podemos começar agora?

— Tenho de começar agora.

— Hei-de começar agora.

4. — Para onde quer ir agora?

— A quais restaurantes você gosta de ir?

— O que devo fazer para parar essas dores?

G 注释　Notas

1. hei-de...　动词haver+de+原动词, 用于表示主观上的意愿、决心：

Hei-de levar os meus pais para a Grande Muralha.　我一定要带父母去长城看看。

Nós havemos de voltar um dia.　将来总有一天我们要回来的。

Eles hão de fazer isso.　他们一定要这么干。

2. tem de...　动词ter+de+原动词, 表示 "不得不……" 的意思：

Temos de fazer isso!　不这么干不行啊！

Tenho de ficar em casa.　我只好留在家里。

Eles têm de dizer a verdade.　他们不得不说出真相。

H 泛读课文二　Leitura Ⅱ

Miguel:　Desculpe. O senhor é o doutor Zhang Ping?

Zhang Ping: Sim sou. Sou Zhang Ping

　　　　　É o Miguel Santos?

Miguel:　Sou, sim. Como está?

Zhang Ping: Bem, obrigado.

Miguel:　Estes são os meus pais.

Zhang Ping: Muito prazer. Como estão os senhores?

Sr. Santos:　Bem, obrigado.

D. Ana:　Muito gosto, Dr. Zhang. Bem-vindo a Lisboa.

Miguel:　Esta é a minha irmã Sofia.

Sofia:　Como está?

Miguel:　E este é o meu irmão Rui.

Rui:　Olá! O senhor é o amigo do Miguel, não é?

Zhang Ping: Muito prazer em conhecê-lo.

Rui:　O prazer é todo meu.

Zhang Ping: Prazer, Zhang Ping, chefe da equipa médica chinesa.

—O que preciso fazer para conseguir visto de trabalho para a Espanha?

西班牙的工作签证该怎么办?(办西班牙的工作签证我需要做些什么?　)

—O que necessito de fazer para comprar uma casa?

买房子有什么要求?(　买房子我需要做些什么?　)

—Ele ajeita os óculos, abotoa o terno e, com as mãos para trás, entra no escritório.

他整理一下眼镜,扣好西装扣子,背着手走进办公室。

—Ele tira a bata branca e senta-se no sofá.

他脱下白大褂,坐到沙发上。

Décima terceira lição

A 课文 Texto

1. Eles estão a ler o jornal.
2. Eles estão a andar de bicicleta.
3. Eles estão a comer.
4. Ele está a examinar o doente.
5. Ela está a estudar.
6. Ela está a fazer compras.
7. Ele está a rir.
8. Ela está a chorar.
9. Eles estão a medir a temperatura.
10. Ele está a urinar.
11. O que é que ele está a fazer?
12. O que é que eles estão a fazer?
13. Elas estão a beber?
14. Não, elas não estão a beber.
15. Ele está a defecar?
16. Sim, ele está a defecar.

B 词汇 Vocabulário

beber   *v.*   喝, 饮酒
ler   *v.*   阅读, 看书
jornal   *s.m.*   报纸
andar   *v.*   走路
bicicleta   *s.f.*   自行车
comer   *v.*   吃
examinar   *v.*   检查
doente   *adj. s. 2gen.*   病人

fazer compras   购物
estudar   *v.*   学习, 研究
defecar   *v.*   大便
chorar   *v.*   哭
medir a temperatura   量体温
urinar   *v.*   小便
rir   *v.*   笑

C 语法 Gramática

estar + a+原动词，表示一个正在发生、进行的动作。"O que faz" 和 "O que está a fazer" 的差别：前者表示一个经常性的动作，而后者强调当前正在进行的动作。

D 对话 Diálogo

— O que faz o senhor?

— Sou médico. Trabalho num hospital.

— O que está a fazer agora?

— Estou a fazer compras.

— O que está a comprar?

— Estou a comprar tomate e pepino.

— Quanto custa o quilo de tomate?

— Um quilo custa três dólares.

— E qual é o preço do pepino?

— Cada quilo é a dois dólares.（Dois dólares por quilo.）

— É muito caro!

— Não é nada caro. É muito barato.

E 补充词汇 Vocabulário

tomate *s.m.* 西红柿		custar *v.* 价钱	
pepino *s.m.* 黄瓜		caro *adj.* 昂贵的	
quilo *s.m.* 公斤		barato *adj.* 便宜的	

F 动词变位 Conjugação

	comer	beber	dormir	descansar	poder
eu	com**o**	beb**o**	durmo	descanso	posso
tu	com**es**	beb**es**	dormes	descansas	podes
você	com**e**	beb**e**	dorme	descansa	pode
ele	com**e**	beb**e**	dorme	descansa	pode
ela	com**e**	beb**e**	dorme	descansa	pode
nós	com**emos**	beb**emos**	dormimos	descansamos	podemos
vocês	com**em**	beb**em**	dormem	descansam	podem
eles	com**em**	beb**em**	dormem	descansam	podem
elas	com**em**	beb**em**	dormem	descansam	podem

G 练习 Exercícios

1. O que devemos comer ao pequeno-almoço?

2. Bebem vinho tinto ou branco ao jantar.

3. Dorme bem durante a noite?

4. Não posso descansar agora，porque tenho muito trabalho.

5. Agora pode entrar.

6. O senhor pode sentar-se ao meu lado.

7. Há dois dias que não come.

8. Como bem e não durmo mal.

9. Fumar e beber faz mal à saúde.

10. Nós estamos a jantar.

11. Jantamos todos os dias na mesma hora.

12. O director está a chegar.

13. O director vai chegar agora mesmo.

14. O director deve chegar já.

15. O director sempre chega muito cedo.

16. O director nunca chega tarde.

17. Vou ver se está a chover.

18. Neste momento está a chover aí?

19. No verão, chove quase todos os dias.

20. Estou a beber água.

21. Não bebo água ao jantar.

22. Ele está a dormir a esta hora?

23. Durmo 8 horas ao dia.

H 对话 Diálogo

— Costuma ir ao restaurante?

— Costumo.

— **Muitas vezes**?

— Vou **sempre** ao sábado e ao domingo.

— Costuma ir ao cinema?

— Não, não costumo. Gosto mais de ver televisão.

— Vai **muitas vezes** ao estádio?

— Vou. Gosto muito de futebol.

— Vai ao casino?

— Não, **nunca** vou.

— E à piscina?

— Vou **às vezes**.

— Vai **muitas vezes** viajar para o estrangeiro?

— Vou **poucas vezes**.

I 补充词汇 Vocabulário

cinema	*s.m.*	电影院		nunca	*adv.*	从不
estádio	*s.m.*	体育场		piscina	*s.f.*	游泳池
futebol	*s.m.*	足球		viajar	*v.*	旅行
casino	*s.m.*	赌场		estrangeiro	*adj.*	外国的

第十四课 **Décima quarta lição**

A 课文 Texto

O Pedro estuda numa escola. Ele levanta-se às 6h da manhã. Faz a cama. Arruma a roupa. Toma duche e depois desce até o 1° andar para tomar o pequeno-almoço. Come em silêncio. Assiste à missa das 7h e começa as aulas às 8h. À tarde faz ginástica. Das 17h às 18 h estuda na biblioteca da escola. Às 19h janta na cantina. Depois do jantar conversa com os amigos e vê televisão. Cerca das 21h vai dormir.

B 词汇 Vocabulário

levantar-se	*v.*	起床, 起立	silêncio	*s.m.*	安静
manhã	*s.f.*	早上	assistir	*v.*	参加
cama	*s.f.*	床	missa	*s.f.*	弥撒
arrumar	*v.*	收拾	ginástica	*s.f.*	体操
roupa	*s.f.*	衣服	biblioteca	*s.f.*	图书馆
tomar duche		淋浴	cantina	*s.f.*	饭厅, 食堂
descer	*v.*	下去	conversar	*v.*	谈话, 聊天
andar	*s.m.*	楼层			

C 动词变位 Conjugação

	pedir	ouvir	subir	dever	sentir	conseguir
eu	peço	ouço	subo	devo	sinto	consigo
tu	pedes	ouves	sobes	deves	sentes	consegues
você/ele/ela	pede	ouve	sobe	deve	sente	consegue
nós	pedimos	ouvimos	subimos	devemos	sentimos	conseguimos
vocês/eles/elas	pedem	ouvem	sobem	devem	sentem	conseguem

D 练习 Exercícios

1. O médico pede exame de sangue e chapa do pulmão.
2. O médico pede à enfermeira para dar uma dose de 20 mg ao doente.
3. É melhor ouvir o conselho do médico.

4. O doente deve ouvir os conselhos do seu médico.

5. Não devemos comer frutas com o estômago vazio.

6. Você deve falar em voz alta.

7. Você não vai sentir nada.

8. Em caso de sentir tonturas, não deve fechar os olhos.

9. Sozinho você não vai conseguir.

10. Sem calmante não consigo dormir bem durante a noite.

11. Se fico triste, perco o apetite.

12. Doutor, vou perder os sentidos?

E 语法　Gramática

形容词、副词的比较级：

mais ... do que 更······　　menos ... do que 不如······

tão ... como 一样······

例如：

形容词、副词	更······	一样······	不如······
alto	**mais** alto **do que**	**tão** alto **como**	**menos** alto **do que**
longe	mais longe do que	**tão** longe **como**	menos longe **do que**
grande	**maior do que**	**tão** grande **como**	**menos** grande **do que**
pequeno	**menor do que**	**tão** pequeno **como**	**menos** pequeno **do que**
mau/mal	**pior do que**	**tão** mau/ mal **como**	**menos** mau/mal **do que**
bom/bem	**melhor** do que	**tão** bom/bem **como**	**menos** bom/bem **do que**

F 练习　Exercícios

1. O João é mais alto do que o Pedro.

2. Ontem o tempo estava mau. Hoje ainda está pior.

3. Levanto-me sempre cedo, mas anteontem ainda me levantei mais cedo do que habitualmente.

4. — Sentes-te bem?

　　— Hoje sinto-me melhor.

5. O inverno em Portugal é menos frio do que na Alemanha.

6. A minha mala está mais pesada do que a tua.

7. Este tratamento é mais eficaz do que aquele.

8. Ela está tão alta como eu.

9. Este texto é muito difícil. Não há outro mais fácil.

10. É melhor deixar de fumar.

及物动词, 其后可跟直接宾语者, 如, **Arruma** a roupa.

不及物动词, 其后不能跟直接宾语者, 如, Às 19h **janta** na cantina.

自复动词, 是指动作的对象是主语本身, 如 Ele **levanta-se** às 6h da manhã. 例句中的se和ele都是代词; 前者为自复代词, 后者是人称代词。

H 练习　Exercícios

1. Qual é a profissão do Pedro?

2. É casado?

3. Onde é que ele trabalha?

4. Como é que ele vai para o trabalho?

5. A Ana vai ao hospital a pé?

6. Eu vou ao hospital de bicicleta.

7. A mulher do António costuma almoçar fora?

8. E o António, onde costuma almoçar?

9. Que comida mais gosta?

10. Você gosta de comida chinesa?

11. O que é que gosta mais de fazer nos tempos livres?

12. Como é que ela é, a sua mulher?

13. Como está a sua mulher?

14. Almoça sozinho ou com alguém?

15. Quem é que faz anos?

16. Quando é que é o almoço?

17. A que horas é?

18. E que horas são?

A 背诵下列课文

1. — Como se chama o senhor?

   — Chamo-me Joaquim Antunes.

   — Onde é que o senhor mora?

   — Eu moro na Avenida Almirante.

   — Quantos anos tem?

   — Tenho 35 anos.

   — Qual é a sua profissão?

   — Sou médico.

   — Onde é que trabalha?

   — Trabalho no Hospital Central de Maputo.

   — Qual é o seu número de telefone?

   — É o 526236.

2. — O que é isto?

   — Isto é uma mesa.

   — O que é aquilo?

   — Aquilo é uma cadeira.

   — O que é aquilo?

   — Aquelas são pinças.

   — O que é isso?

   — Isto é uma tesoura.

   — O que é isso?

   — Isto é um termómetro.

   — Aquilo é um fonendoscópio?

   — Não, aquilo não é um fonendoscópio. É um esfigmomanómetro. （aparelho de pressão）

3. — O que está a fazer?

   — Estou a fazer compras.

   — O que está a comprar?

   — Estou a comprar tomate e pepino.

   — Quanto custa o quilo de tomate?

   — Um quilo custa três dólares.

   — E qual é o preço do pepino?

— Cada quilo é a dois dólares.

— É muito caro!

— Não é nada caro. É muito barato.

4.   Em Portugal, os bancos abrem cinco dias por semana, das 8 da manhã às três e meia da tarde. Não fecham à hora do almoço. As lojas, normalmente, abrem às nove e fecham às sete da tarde. À hora do almoço, fecham da uma às três. Ao sábado à tarde e ao domingo estão fechadas. As lojas dos centros comerciais estão abertas todos os dias, das 10 da manhã, às nove ou dez da noite. Os escritórios e serviços públicos funcionam das nove da manhã às cinco e meia da tarde, com um intervalo para almoço da uma às três.

5.   Normalmente, o José levanta-se às sete horas da manhã. Depois lava-se e toma o pequeno-almoço com os pais. Às oito horas apanha o autocarro. Às oito e meia, vai a um café perto do trabalho e toma um café com os colegas. Os colegas dele tomam o pequeno-almoço neste café. Às dez para as nove eles vão para o trabalho juntos.

Ao meio-dia e meia o José e os amigos almoçam num restaurante barato, não muito longe do trabalho. Às duas e vinte e cinco eles voltam para o escritório e trabalham até às cinco e meia.

O José janta com a família e depois fica em casa. Às onze horas deita-se.

B 填充练习

1. 用动词的陈述式现在时填空。

Cham_____ –me Rosa.

Cham_____ –se João.

O médico cham_____ seu paciente em seu consultório.

Nós est_____ aqui e vocês est_____ aí.

A casa est_____ aqui.

O hospital est_____ ali.

Hoje _____ocupado.（estar, eu）

Eu _____ um lápis.（ter）

A criança _____ dois anos.（ter）

Hoje não _____ aula.（ter, nós）

Eu _____ água e tu _____ cerveja.（beber）

O barco _____ sempre a esta hora.（partir）

2. 用ser的陈述式现在时填空。

Eu _____ médico.

Tu _____ chinês?

Ele _____ médico, mas ela não _____médica.

Nós _____ médicos e elas _____ enfermeiras.

O senhor _____ o Doutor Afonso Henriques?

Sim, _____ eu mesmo. E o senhor?

Eu _____ Wang Lin, médico da equipa chinesa.

Nós _____ chineses, somos de Sichuan.

De onde _____ ele? Ele _____ de Chengdu.

Ele _____ polícia, não _____ condutor.

3. 用定冠词和不定冠词填空。

_____ Maria é mulher.

A Maria é_____ mulher.

_____ pai do Pedro é operário.

O pai do Pedro é _____ operário.

Eu tenho _____ amigo português.

O meu amigo português é _____ dentista.

_____ meu amigo português é dentista.

A Maria é _____ mulher do Pedro.

O Pedro é _____ marido da Maria.

4. 填写适当的反义词。

— Ele é **alto**.

— Mas ela é _____.

— Eles são **gordos**.

— Mas elas são_____.

— Eles são **velhos**.

— Mas o José e o João são_____.

— O Mário é **forte**.

— Mas o Rui é _____.

5. 填写适当的指示代词。

— O que é isto?

— _____ é uma mesa.

— O que é aquilo?

— _____ é uma cadeira.

— O que é aquilo?

— _____são pinças.

— O que é isso?

— _____é uma tesoura.

— O que é isso?

— _____ é um termómetro.

— Aquilo é um fonendoscópio（estetoscópio）?

— Não, _____ não é um fonendoscópio.

— _____ maçã está aqui.

— _____ bananas estão ali.

6. 填写适当的变位动词。

Eu _____ de dia e ela _____ à noite. 我白天上班, 她晚上上班。

_____ em três turnos fixos: manhã, tarde e noite.（他们）上三班: 上午、下午和晚上。

Ele me _____ apoio. 他支持我。

A ferida _____ mau cheiro. 创口发臭了。

_____ -lhe chá. 我给你泡茶。

Este carro não _____ para tanta gente. 这车装不下这么多人。

Hoje _____ muito frio. 今天很冷。

Os rapazes _____ a barba uma vez por semana. 这些小伙子一周刮一次胡子。

A máquina _____ muito barulho. 这机器声音太大（制造许多噪声）。

Quem _____ o jantar em casa? 家里谁做（晚）饭?

Fumar _____ mal à saúde.   抽烟有害健康。

Ele não _____ que fazer.   他不知所措。

O avô não _____ que eu já _____ dezoito anos?   爷爷, 您不知道我已经十八岁了?

O pai _____ o filho à escola. 父亲带孩子去上学。

O filho _____ um livro da escola. 儿子从学校带回一本书。

A menina _____ um chapéu muito bonito. 女孩子戴着一顶漂亮的帽子。

A operação deve _____ cerca de uma hora. 手术要一个来小时。

Você _____ o pequeno-almoço às 8 horas e às 10 horas _____ com fome?
您八点吃早饭, 十点就饿了?

O que você _____, chá ou café?   你喝什么, 茶还是咖啡?

Eu _____ um comprimido depois do jantar. 我是（晚）饭后吃一片药。

_____ tomar já um banho. 我马上去洗澡。

O homem _____ -me o pulso, pulso normal. 这个人给我号了号脉, 脉正常。

_____ trazer-lhe um aparelho de pressão ainda amanhã. 明天就给你带个血压计。

— Ele _____ fazer análise de sangue amanhã?   他明天验血?

— Ele _____ fazê-lo agora. 他现在就想做。

— _____ fazê-lo já agora. 我现在就想要做。

7. 填写适当的人称代词。

_____ sou médico.（我）

Ele _____ dá um comprimido todos os dias.（我）

_____ somos médicos.（我们）

O pai dá- _____ cada dia o pão necessário.（我们）

_____ vem da escola.（他）

Fazemos- _____ um grande favor.（他）

_____ és o amigo do meu filho, o Pedro?　（你）

A fruta faz- _____ bem.（你）

C　翻译下列句子

我父亲在药房工作。

我妈妈在华西医院工作。

她（他）姐姐（妹妹）是护士。

他（她）有一个兄弟在中国学习。

我们的车在这儿。

我们的旗子是红色的。

这是我的听诊器。

那个血压计不是你的。

你要出去，我们留在家里。

他不能一个人待着。

她每天看电视。

不戴眼镜他什么也看不见。

我往前看了看，什么也没有看见。

她说他们明天到。

您要不要再来点咖啡？

（你）汤里放糖还是放盐？

我们八点半进教室。

他下午五点离开（走出）医院。

妈妈坐在孩子旁边。

（你）早餐吃什么？

（我们）晚餐喝红葡萄酒或白葡萄酒。

（你）晚上睡得好吗？

现在我不能休息，因为我很忙。

（你）现在可以进来了。

您可以坐在我旁边。

最好听医生的（劝告，建议，意见）。

病人应当听医生的（劝告，建议，意见）。

没有事。（你不会有什么感觉的。）

不吃安眠药晚上睡不好觉。

你做什么工作？

你在干什么？

我在购物。

他们在量体温。

Décima quinta lição

A 课文 Texto

Há trinta anos eu tinha vinte anos e morava no Sul da China, numa aldeia pequena, numa casa muito velha. Não tinha electricidade nem água. A minha família era grande e nós éramos pobres. Eu trabalhava numa oficina de móveis e ganhava pouco.

Agora tenho cinquenta anos, e moro com a minha mulher e os meus dois filhos num apartamento moderno e confortável. À noite, vemos televisão na sala e os meus filhos jogam no computador ou brincam no quarto deles.

B 词汇 Vocabulário

aldeia *s.f.* 乡村

electricidade *s.f.* 电

pobre *adj.* 贫穷的

oficina *s.f.* 车间

móveis *s.m.* 家具

sala *s.f.* 厅, 室

ganhar *v.* 赢得, 挣钱

apartamento *s.m.* 套间

confortável *adj.* 舒适

televisão *s.f.* 电视

jogar *v.* 玩

computador *s.m.* 电脑

brincar *v.* 玩

quarto *s. m.* 房间

sul *s.m.* 南方

C 语法 Gramática

1. há是动词haver的陈述式现在时第三人称单数, 表示"有"和"存在"等意思。há后面加时间概念的词、词组, 用于表示多少 (时间) 以前。例如, há um ano 一年前。

2. deles=de+eles

3. 陈述式过去未完成时。

（1）陈述式过去未完成时变位: 将原动词的结尾ar, er, ir等分别变为ava, avas, ava, ávamos, avam或ia, ias, ia, íamos, iam。例如:

	falar	**comer**	**partir**	**querer**
eu	fal**ava**	com**ia**	part**ia**	quer**ia**
tu	fal**avas**	com**ias**	part**ias**	**querias**
você	fal**ava**	com**ia**	part**ia**	quer**ia**
nós	fal**ávamos**	com**íamos**	part**íamos**	quer**íamos**
vocês	fal**avam**	com**iam**	Part**iam**	quer**iam**

部分动词陈述式过去未完成时不规则变位：

	ser	ter	vir	ir
eu	era	tinha	vinha	ia
tu	eras	tinhas	vinhas	ias
você	era	tinha	vinha	ia
nós	éramos	tínhamos	vínhamos	íamos
vocês	eram	tinham	vinham	iam

（2）陈述式过去未完时的用法：

陈述式过去未完成时用于表示过去经常发生的动作。如：

Antigamente eles moravam numa vivenda.

Quando eles eram crianças, viviam fora da cidade.

陈述式过去未完成时可以用于表示愿望。如：

— E para beber, o que deseja?

— Eu **queria** uma cerveja.

陈述式过去未完成时用于表示愿望的例句：

Queria falar com o Dr. Nunes, por favor.

Podia dizer-me onde é a Av. da República?

Podia passar-me o açúcar, por favor?

Eu **queria** ir com vocês, mas infelizmente não tenho tempo.

陈述式现在时和过去未完成时的比较例句：

Costumávamos viajar muito. Agora **viajamos** pouco.

Quando **era** nova,　**vivia** em casa dos pais. Agora **vive** sozinha.

Quando **morava** na cidade,　**costumava** andar de carro.

Agora **moro** no campo e **ando** a pé.

Quando eu **era** criança,　**tínhamos** em casa um cachorro muito lindo.

Hoje em dia já não **tenho** nenhum cão em casa.

表示愿望时，动词可用陈述式过去未完成，也可用条件式（Modo condicional）。如：

queria－quereria；podia－poderia；gostava－gostaria

D 练习　Exercícios

Queria（**quereria**）falar com o Dr. Nunes, por favor.

Podia（**poderia**）　dizer-me onde é a Av. da República?

Podia（**poderia**） passar-me o açucar, por favor?

— Eu **gostava** de ir com vocês, mas infelizmente não tenho tempo.

— **Gostaria** de ir com vocês, mas infelizmente não tenho tempo.

E 泛读课文　Leitura

O Pedro e o irmão estão numa loja de pronto-a-vestir. Eles querem comprar uma camisa para oferecer ao António.

Pedro:	Bom dia.
Empregado:	Bom dia. Que desejam?
Pedro	Nós queríamos ver aquela camisa.
Empregado:	Qual?
Pedro:	Aquela amarela.
Empregado:	Aqui está. Temos outras cores.
Pedro:	Gosto desta. Manuel，achas que esta camisa é bonita?
Manuel:	Acho. Quanto custa?
Empregado:	São 30（trinta）euros.
Pedro:	Faz desconto?
Empregado:	Está bem. Vocês são simpáticos. Faço 10%（dez por cento）de desconto.
Manuel:	Então a camisa custa 27（vinte e sete）euros.
Empregado:	Exactamente.

F 补充词汇　Vocabulário

camisa　*s.f.*　衬衣, 衬衫

cor　*s.f.*　颜色

exacto　*adj.*　正好

exactamente　*adv.*　正好

custar　*v.*　值多少

quanto　*pron.*　多少

desconto　*s.m.*　打折扣

em saldo　减价

loja de pronto-a-vestir　成衣店

oferecer　*v.*　送

empregado　*s.m*　服务员, 员工

Décima sexta lição

A 课文 Texto

EMENTA（MENU）

Pão ou torradas	Bebidas
* com compota	Chá
* com manteiga	Leite
* com ovo	Café
Sandes	Chá com leite
* de queijo	Café com leite
* de fiambre	Leite com chocolate
* mista	Sumo de laranja
Sopa	Água mineral
	Açúcar

B 对话 Diálogo

— O que costuma tomar ao pequeno-almoço?

— Um copo de leite e uma maçã.

— Leite simples ou com algo?

— Leite com chocolate ou iogurte e como uma ou duas torradinhas, raramente como...

— O pequeno-almoço é sempre o mesmo?

— Uns dias tenho mais apetite que outros, por isso o pequeno-almoço nunca é igual.

C 词汇 Vocabulário

menu *s.m.* 菜谱	chá *s.m.* 茶
ementa *s.f.* 菜单	café *s.m.* 咖啡
leite *s.m.* 牛奶	chocolate *s.m.* 巧克力
ovo *s.m.* 蛋	sumo *s.m.* 果汁
manteiga *s.f.* 黄油	laranja *s.f.* 橙,柑橘

pão	*s.m.*	面包	açúcar *s. m.*	糖

pão *s.m.* 面包

torrada *s.f.* 烤面包片

compota *s.f.* 果酱

queijo *s.m.* 奶酪

sandes *s.f.* 三明治

fiambre *s.m.* 火腿

misto *adj.* 混合的

sopa *s.f.* 汤

bebida *s.f.* 饮料

algo = alguma coisa

açúcar *s. m.* 糖

água mineral 矿泉水

simples *adj.* 简单的

torradinha 是torrada的缩小词

iogurte *s.m.* 酸牛奶

refeição *s.f.* 餐

apetite *s.m.* 胃口

igual *adj.* 相同的

mesmo *adj.* 同样的

D 泛读课文 Leitura

O pequeno-almoço é a refeição mais importante do dia! Desde a última refeição na noite anterior, que o seu organismo não recebe nenhum alimento, são muitas horas! A pior coisa que faz por si é sair de casa sem tomar esta refeição. Como sabemos, muitos são os benefícios de um bom pequeno-almoço.

Nem todos temos as mesmas necessidades calóricas diárias visto que esta é resultado de diversos factores como idade, sexo, peso, estilo de vida, actividade física praticada e clima. Assim, o pequeno-almoço deve ser adaptado às necessidades pessoais de cada um.

Um pequeno-almoço saudável deve possuir todos os nutrientes necessários ao organismo. Todos os produtos que acompanham o pão como manteiga, queijo, fiambre, entre outros, devem ser consumidos com moderação.

E 注释 Notas

noite anterior 前一天晚上

organismo *s.m.* 机体, 有机体

receber *v.* 接受, 收到

alimento *s.m.* 食品, 食物

benefício *s.m.* 好处

visto que 因为

cada um 每一个

nutriente *s.m.* 养分

1. A pior coisa que faz por si é sair de casa sem tomar esta refeição.
   不吃这一餐就出门, 这是你 (为自己所做的) 最糟糕的事。

2. necessidades calóricas diárias 每天所需热量

3. Esta é resultado de diversos factores como idade, sexo, peso, estilo de vida, actividade física praticada e clima. 这 (esta=necessidade) 是年龄、性别、体重、生活方式、体力活动和气候诸方面因素 (造成的) 结果。

4. Ser adaptado às necessidades... 适应……需要

5. Ser consumido com moderação 有节制地消费 (吃, 食用)

Décima sétima lição

第十七课

A 课文 Texto

No restaurante

Hoje é domingo. O senhor Miguel Lopes, a mulher e a filha vão jantar ao restaurante.

Sr. Lopes: Faz favor!

Empregado: Boa noite. Que desejam?

Sr. Lopes: A ementa, por favor.

Empregado: Aqui está.

...

D. Amélia: Olhe, eu queria peixe grelhado com batatas cozidas e salada.

Empregado: Muito bem. E a menina?

Inês: Eu queria carne de porco ou carne de vaca.

Sr. Lopes: Eu queria arroz com camarão.

Empregado: Muito bem. E para beber, o que desejam?

Sr. Lopes: Eu queria uma cerveja.

D. Amélia: Eu... um sumo de laranja.

Inês: Uma limonada.

... Depois

Empregado: E para sobremesa?

D. Amélia: Uma salada de fruta.

Inês: Têm gelados?

Empregado: Temos sim, menina.

Inês: Então queria um gelado de morango.

Empregado: E o senhor?

Sr. Lopes: Só um café...

Sr. Lopes: A conta, por favor.

Empregado: São vinte e sete euros（ €27.00 ）.

Sr. Lopes: Aqui tem, pode ficar com o troco. Boa noite.

Empregado: Boa noite e obrigado.

B 词汇 Vocabulário

desejar *v.* 想, 愿意

peixe *s.m.* 鱼

grelhado *p.p.* 烧烤的

batata *s.f.* 土豆

cozido *p.p.* 煮熟的

salada *s.f.* 沙拉

menina *s.f.* 女孩

carne *s.f.* 肉

porco *s.m.* 猪

vaca *s.f.* 牛

arroz *s.m.* 米饭

camarão *s.m.* 虾

cerveja *s.f.* 啤酒

gelado *s.m.* 冰淇淋

morango *s.m.* 草莓

limonada *s.f.* 柠檬汽水

conta *s.f.* 账单

sobremesa *s.f.* 饭后点心

euro *s.m.* 欧元

troco *s.m.* 零钱

por favor 劳驾, 请

C 对话 Diálogo

— O que você costuma comer no jantar?

a）— Nada.

b）— Sopa, carnes, peixes, arroz ou pão.

c）— Arroz, feijão, carne magra, saladas, legumes.

— E você costuma comer sobremesa?

a）— Sim, todos os dias.

b）— Algumas vezes por semana.

c）— Não como sobremesas, no máximo uma vez no final de semana.

D 补充词汇 Vocabulário

legume *s.m.* 蔬菜

costumar *v.* 习惯

algum *pron.indef.* 某个

vez *s.f.* 次

máximo *adj.* 最高的

final *adj.* 最终的

E 补充注释 Notas

nada是不确定代词、副词和名词, 表示"没有"、"没有任何东西"、"不行"、"一无所有"等意思。

— Quer ir ao cinema?

   à ópera?

   à praia?

   à piscina?

   ao estádio?

— Sim, quero.

   Está bem.

   Vamos.

   Boa ideia.

— Não, não quero.

   Hoje não posso. Vamos amanhã.

   Desculpe, não tenho tempo.

   Não tenho dinheiro.

   É muito caro.

   Não, não gosto de ópera.

   Não, não sei nadar.

   Não posso, não tenho tempo.

   Não posso. Tenho de trabalhar.

G 补充词汇　Vocabulário

ópera	*s.f.*	歌剧	ideia	*s.f.*	主意
praia	*s.f.*	海滩	tempo	*s.m.*	时间
piscina	*s.f.*	游泳池	dinheiro	*s.m.*	钱
estádio	*s.m.*	体育场	nadar	*v.*	游泳

Décima oitava lição

A 课文 Texto

No consultório

Já passou um mês desde que o Paulo teve o acidente. Por isso a mãe telefonou para o consultório e marcou uma consulta para o ortopedista. Este observou o Paulo e achou que ele já podia tirar o gesso.

No dia seguinte, o Paulo e a mãe foram os dois ao hospital.

Enfermeiro: Então, já estás melhor?

Paulo: Acho que sim. Nunca mais tive dores.

Enfermeiro: Óptimo! Isso é que é preciso! Vamos lá tirar esse gesso.

Paulo: Até que enfim! Custou tanto a passar!

Enfermeiro: Pronto! Não te doeu, pois não?

Paulo: Absolutamente nada.

Enfermeiro: Consegues mexer o braço?

Paulo: Consigo. Agora tenho de fazer ginástica.

Enfermeiro: Acho que deves falar primeiro com o médico e nada de exageros, hem!

Paulo: Claro! Tenho consulta logo à noite.

B 词汇 Vocabulário

passar *v.* 过, 通过	dor *s.f.* 痛
desde *prep.* 自从	preciso *adj.* 需要
acidente *s.m.* 事故	doer *v.* 疼痛
por isso 所以	até que enfim 总算, 最终
telefonar *v.* 打电话	pronto *adv.* 行, 可以
consultório *s.m.* 诊所	absoluto *adj.* 绝对的
marcar uma consulta 预约	conseguir *v.* 得到, 成功, 取得
achar *v.* 认为; 拾到	mexer *v.* 动
tirar *v.* 去掉	braço *s.m.* 臂
observar *v.* 观察	exagero *s.m.* 夸张
gesso *s.m.* 石膏	claro *interj.* 当然
ortopedista *s.m.* 骨科医生	logo à noite 今天晚上
no dia seguinte 第二天	

C 语法 Gramática

1. 陈述式过去完成时用来表示过去已完成的动作、事情。
2. 陈述式过去完成时规则变位：

	-ar	**-er**	**-ir**
	falar	**comer**	**abrir**
eu	fal**ei**	com**i**	abr**i**
tu	fal**aste**	com**este**	abr**iste**
você	fal**ou**	com**eu**	abr**iu**
ele	fal**ou**	com**eu**	abr**iu**
ela	fal**ou**	com**eu**	abr**iu**
nós	fal**ámos**	com**emos**	abr**imos**
vós	fal**astes**	com**estes**	abr**istes**
vocês	fal**aram**	com**eram**	abr**iram**
eles	fal**aram**	com**eram**	abr**iram**
elas	fal**aram**	com**eram**	abr**iram**

3. 陈述式过去完成时例句：

A Ana nasceu em 1997.

Falou com ele?

Abrimos a janela.

Morreu-lhe o marido de tuberculose em 31 de Outubro de 1920.

4. 部分陈述式过去完成时不规则变位：

	ser（ir ）	**estar**	**ter**
eu	fui	estive	tive
tu	foste	estiveste	tiveste
você	foi	esteve	teve
nós	fomos	estivemos	tivemos
vocês	foram	estiveram	tiveram

dizer	**trazer**	**fazer**	**querer**	**ver**	**vir**
disse	trouxe	fiz	quis	vi	vim
disseste	trouxeste	fizeste	quiseste	viste	vieste
disse	trouxe	fez	quis	viu	veio
dissemos	trouxemos	fizemos	quisemos	vimos	viemos
disseram	trouxeram	fizeram	quiseram	viram	vieram

dar	saber	pôr	poder	cair	sair
dei	soube	pus	pude	caí	saí
deste	soubeste	puseste	pudeste	caíste	saíste
deu	soube	pôs	pôde	caiu	saiu
demos	soubemos	pusemos	pudemos	caímos	saímos
deram	souberam	puseram	puderam	caíram	saíram

D 练习 Exercícios

1. Ele não me disse nada.
2. Eles nos trouxeram muita fruta.
3. Eu fiz um aborto.
4. Ontem eu fiz, mas hoje não posso fazer.
5. Alguém viu a minha caneta?
6. O João veio a minha casa, mas os seus colegas não quiseram vir cá.
7. Deu-nos todos os seus livros.
8. Eu nunca soube que essa doença não era tão pequena.
9. Nós estivemos uma semana em Pequim.
10. Na manhã seguinte, a galinha pôs outro ovo de ouro.
11. O menino caiu no rio e morreu afogado.
12. O médico saiu ainda agora.
13. Na terça-feira passada ela e a filha tiveram consulta com a pediatra, Dra. Ana.
14. Ontem comprei um portátil novo.
15. Hoje o tempo esteve melhor, solinho e temperatura amena.

E 泛读课文 Leitura

Normalmente...

Tomo o pequeno-almoço em casa.

Saio de casa às nove.

Vou a pé para o trabalho.

Almoço em casa.

Ontem...

Tomei o pequeno-almoço em casa.

Saí de casa às dez e meia.

Fui de táxi para o trabalho.

Almocei fora.

Quando era jovem...

Tomava o pequeno-almoço em casa.

Saía de casa às sete e meia.

Ia de bicicleta para a escola.

Almoçava na cantina da escola.

Amanhã...

Vou tomar o pequeno-almoço em casa.

Vou sair de casa às oito.

Vou de carro para o trabalho.

Vou almoçar a casa da Maria.

F 补充注释　Notas

normal是形容词，表示"正常的，通常的，一般的"意思。

normalmente是由形容词normal加后缀-mente构成的副词。

Décima nona lição

课文　Texto

O Engenheiro António Abreu vai faltar ao serviço.

— Está? É do 350671?

— É sim.

— É o Sr. Silva?

— Não, ele não está. Quem fala?

— Daqui fala o filho do Eng.º Abreu. Hoje o meu pai não vai trabalhar porque está doente.

— O que é que o seu pai tem?

— Acho que está com gripe.

— Que pena! Então, as melhoras ao seu pai. Até amanhã.

— Obrigado. Até amanhã.

O António marca uma consulta.

— Está? É do consultório do Dr. Mesquita?

— É sim.

— Queria marcar uma consulta.

— Amanhã, às quatro horas.

— Mas é urgente. Não pode ser hoje?

— Hoje o Dr. Mesquita tem muitos doentes. Já não pode atender.

— Posso falar com o Dr. Mesquita?

— Quem fala?

— Eng.º Abreu.

— Um momento, por favor.

  ...

— Está? Eng.º Abreu, como está?

— Não estou muito bem, por isso pedi para falar consigo. Posso ir aí, hoje?

— Com certeza. Às oito da noite, está bem?

— Muito obrigado e até logo.

— Até logo.

B　词汇　Vocabulário

engenheiro	*s.f.*	工程师	consultório	*s.m.*	诊所
faltar	*v.*	缺少, 缺席	urgente	*adj.*	紧急的

doente	*adj.* 病	doente	*s.2g* 病人
gripe	*s.f.* 感冒	atender	*v.* 接待
pena	*s.f.* 遗憾	momento	*s.m.* 时刻
melhora	*s.f.* 好转	certeza	*s.f.* 肯定
marcar uma consulta	预约门诊		

C 注释 Notas

1. daqui=de+aqui 自此，这儿是
2. que pena! 多么遗憾！好可惜！
3. então, as melhoras ao seu pai=Então, desejo as melhoras ao seu pai 那么希望你爸爸好起来（早日病愈）。
4. consigo= com o senhor 和您
5. Sr.是Senhor的缩写。
6. Eng.º 是Engenheiro的缩写。

D 泛读课文 Leitura

No Consultório

— O que é que tem?

— Dores de cabeça e no corpo.

— Tem febre?

— Não sei. Mas acho que sim. Sinto-me muito quente.

— Então vamos ver se tem febre.

— Tem dores de garganta?

— Não, não tenho.

— Há quanto tempo está doente?

— Sinto-me mal há dois dias. Mas ontem fiquei pior.

— Tomou alguma coisa?

— Só tomei uma aspirina.

— Bom, está com febre. Tem 39℃, por isso é melhor ficar em casa dois dias. Tem gripe. Tem aí o seu cartão de saúde?

— Tenho sim.

— Pode tomar este antibiótico de oito em oito horas e tomar também estas vitaminas, duas vezes por dia, antes do almoço e depois do jantar.

— Preciso de um atestado médico para justificar as faltas.

— Com certeza. Tem o bilhete de identidade?

— Faz favor.

— Adeus e as melhoras.

— Obrigado.

E 补充词汇 Vocabulário

dor *s.f.* 疼痛

cabeça *s.f.* 头

corpo *s.m.* 身体

quente *adj.* 热的

garganta *s.f.* 喉

cartão de saúde 就医卡

antibiótico *s.m.* 抗生素

atestado de médico 医生证明

justificar *v.* 证明有正当理由

falta *s.f.* 缺席, 缺少

bilhete de identidade 身份证

Vigésima lição

A 课文　Texto

— Na semana passada estive doente. Tive febre.

— Agora estou bem. Já não tenho febre.

— Tenho aulas todos os dias, mas ontem não tive porque o professor foi ao médico.

— Ele esteve uma semana em Moçambique.

— Foi lá em negócios. Foi uma viagem muito cansativa.

— Ele vai de carro para o trabalho.

— Ontem ele foi de carro para o trabalho.

— Vou ao supermercado.

— Hoje de manhã já fui ao supermercado.

— Estou em casa hoje à noite.

— Ontem também estive em casa à noite.

— Estes exercícios são fáceis.

— Os de ontem foram mais difíceis.

— Vejo o Paulo quase todos os dias.

— Mas ontem eu não o vi.

B 词汇　Vocabulário

doente	*adj.* 生病	supermercado	*s.m.* 超市
febre	*s.f.* 发烧	exercício	*s.m.* 练习
negócio	*s.m.* 事务, 生意	fácil	*adj.* 简单的
viagem	*s.f.* 旅行	quase	*adv.* 几乎
cansativo	*adj.* 疲劳的	difícil	*adj.* 困难的

注释 Nota

ontem eu não o vi 昨天我没有看到他，其中o是阳性代词，代替ele, você, 其阴性为a（ela, você）。

D **练习** Exercícios

— Para onde vai o senhor?

— Vou ao hospital.

— Já foi à escola?

— Ainda não fui lá.

— Vou à escola todos os dias.

— Quando eu era criança, ia todos os dias à escola.

— Toma cerveja ao jantar?

— Eu tomo.

— Toma cerveja ao jantar?

— Não tomo, mas tomava há três anos.

— Por que deixou de tomar?

— Tenho gota há mais de 3 anos. O médico aconselhou-me a deixar de tomar cerveja.

— Já bebeu o café?

— Não bebi. Não me sinto bem e nem quero beber.

E **泛读课文** Leitura

Ontem fui ao hospital e o médico deu-me dois medicamentos, um deles antibiótico e outro para a urina. Vou ficar bem. É só um bocadinho de paciência.

Mas alguém me sabe dizer se posso tomar um diurético agora e daqui a duas horas tomar o antibiótico? Faz mal? Maldito termómetro nada funciona nesta casa! Alguém sabe como se reseta um termómetro daqueles de mercúrio? Já agitei e não volta para o início. Quem me explica o problema?

F **补充注释** Notas

medicamento   *s.m.*   药品   Alguém sabe como se reseta um termómetro daqueles
                              de mercúrio?   谁会重调（甩）那种水银温度计?

urina　*s.f.*　小便

bocado　*s.m.*　一点

paciência　*s.f.*　耐心

alguém　*pron.*　某人

Maldito termómetro nada funciona
　　nesta casa.

　　家里这破温度计一点也不管用。

agitar　*v.*　挥动

voltar　*v.*　回

início　*s.m.*　开始

explicar　*v.*　解释

problema　*s.m.*　问题

bocadinho　　是bocado的缩小词

diurético　*s.m.*　利尿药

第二十一课 Vigésima primeira lição

A 课文 Texto

1. — Façam as camas.   — Já as fizemos.
2. — Arrume o quarto. - Arruma o quarto.   — Já o arrumei.
3. — Tomem estes medicamentos.   — Já os tomámos.
4. — Fala com o teu irmão.   — Já lhe falei./Já falei com ele.
5. — Guarda tuas revistas.   — Já as guardei.
6. — Comprem os bilhetes.   — Já os comprámos.
7. — Escreve aos teus pais.   — Já lhes escrevi.
8. — Fique em casa. - Fica em casa.   — Já fiquei.
9. — Ligue a televisão.   -Liga a televisão. — Já a liguei.
10. — Posso entrar.   — Entre por favor.

B 词汇 Vocabulário

fazer cama   收拾床   guardar   *v.*   放好, 藏
arrumar   *v.*   整理   revista   *s.f.*   杂志
escrever   *v.*   写, 写信   ligar   *v.*   联系, 接上
tomar medicamento   吃药   comprar   *v.*   购买
falar com   跟……说话, 找……   bilhete   *s.m.*   票, 入场券

C 语法 Gramática

1. 虚拟式现在时, 用于表达可能、希望、怀疑、感叹、请求或命令。
规则变位如下:

	falar	**comer**	**abrir**
eu	fale	coma	abra
tu	fales	comas	abras
você/ele/ela	fale	coma	abra
nós	falemos	comamos	abramos
vocês/eles/elas	falem	comam	abram

2. 不规则变位: 将陈述式现在时第一人称单数的结尾o变为a, 并以此类推。如:

pedir

陈述式	peço	pedes	pede	pedimos	pedem
虚拟式	peça	peças	peça	peçamos	peçam

3. 部分动词的虚拟式现在时变位如下:

	eu	tu	você/ele/ela	nós	vocês/eles/elas
dar	dê	dês	dê	demos	dêem
estar	esteja	estejas	esteja	estejamos	estejam
dizer	diga	digas	diga	digamos	digam
fazer	faça	faças	faça	façamos	façam
haver	haja	hajas	haja	hajamos	hajam
ser	seja	sejas	seja	sejamos	sejam
ver	veja	vejas	veja	vejamos	vejam
pôr	ponha	ponhas	ponha	ponhamos	ponham
ir	vá	vás	vá	vamos	vão
ouvir	ouça	ouças	ouça	ouçamos	ouçam
vir	venha	venhas	venha	venhamos	venham
ficar	fique	fiques	fique	fiquemos	fiquem
dormir	durma	durmas	durma	durmamos	durmam
ter	tenha	tenhas	tenha	tenhamos	tenham

D 练习一　Exercícios I

1. Fale em voz alta!
2. Abra a boca e feche os olhos!
3. Fique descansado!
4. É melhor que coma pouco.
5. Talvez minha experiência possa ajudar.
6. Vou conversar com o senhor, embora esteja neste momento muito ocupado com o meu trabalho.
7. Eles vão atendê-la, mesmo que não seja nada de sério.

E 练习二　Exercícios II

1. Lembra o que o seu médico lhe disse?
2. Lembra o que o teu médico te disse.

3. Tome este medicamento por via oral com um copo de água.

4. Não se esqueça de que este medicamento é apenas para si. Não o partilhe com outros.

5. Claro, nunca ninguém cá teve uma gripe. Então é normal que as pessoas não saibam o que é e façam grandes alaridos.

6. Sente-se erecto, não deite a cabeça para trás.

7. Quando ocorre um sangramento pelo nariz, não se preocupe e procure seu médico otorrinolaringologista.

8. Faça o que goste de fazer.

9. Então dispa-se lá.

10. Come legumes e frutas com frequência.

11. Não coma doces em excesso.

12. Reduz o sal e as gorduras.

13. Não bebas vinho ou bebidas alcoólicas.

F 泛读课文　Leitura

1. O Pedro está doente

Médico:　Como te sentes?

Pedro:　　Muito mal. Não consigo trabalhar. Estudo, mas não aprendo nada. Dói-me a cabeça e sinto-me fraco. Pego nos livros mas não os consigo ler.

Médico:　 Tens apetite?

Pedro:　　Não...nunca me apetece nada.

Médico:　Estás muito magro. Ninguém consegue trabalhar se não comer bem. Vais tomar estes medicamentos que eu te vou receitar. Pede à tua mãe para os comprar já hoje. E vou dar-te alguns conselhos que deves seguir.

2. O José está doente

Médico:　Como se sente?

José:　　 Muito mal. Não consigo trabalhar. Estudo, mas não aprendo nada. Dói-me a cabeça e sinto-me fraco. Pego nos livros mas não os consigo ler.

Médico:　Tem apetite?

José:　　 Não...nunca me apetece nada.

Médico:　Está muito magro. Ninguém consegue trabalhar se não comer bem. Vai tomar estes medicamentos que eu lhe vou receitar. Diga ao seu filho para os comprar já hoje. E vou dar-lhe alguns conselhos que deve seguir.

estudar	*v.* 研究, 学习	apetecer	*v.* 有胃口
aprender	*v.* 学, 学会	medicamento	*s.m.* 药品
pegar	*v.* 拿起	se	*conj.* 如果
apetite	*s.m.* 胃口	receitar	*v.* 开药方
nunca	*adv.* 从未	comprar	*v.* 买
conselho	*s.m.* 建议	seguir	*v.* 跟随, 听从

Ninguém consegue trabalhar se não comer bem. 吃不好饭, 谁也干不了活。comer是虚拟式将来时, 用于表示一种假设。

第二十二课　Vigésima segunda lição

A　课文　Texto

Nascimento de um bebé panda-gigante

Temos o prazer de anunciar o nascimento de Guizi, um bebé panda-gigante. A sua mamã chama-se Dong Dong, tem 9 anos e Guizi é o seu 5º filho em 6 anos.

O bebezinho ainda vai crescer muito porque um panda adulto mede cerca de 1, 5m（metro）e pesa 125 Kg（quilogramas）, enquanto que o pequenino que acaba de nascer tem pouco mais de 10 cm（centímetros）e pesa apenas 130 g（gramas）!

O bebé panda precisa de aprender a viver na natureza, como muitos outros pandas que nasceram no Centro. Depois deste período de aprendizagem, será libertado... e terá de governar a sua vida sozinho.

B　词汇　Vocabulário

nascimento	*s.m.* 诞生	período	*s.m.* 时期
bebé	*s.2g.* 婴儿	aprendizagem	*s.f.* 学习
panda-gigante	大熊猫	libertar	*v.* 解放, 释放
crescer	*v.* 生长	governar	*v.* 管理
adulto	*adj. /s.m.* 成人	temos o prazer de anunciar	我们很高兴地宣布
medir	*v.* 量, 测	cerca de	将近……
pesar	*v.* 重量, 重……	enquanto que	当……的时候
natureza	*s.f.* 大自然	acabar de	刚刚……

C　语法　Gramática

1. 陈述式将来时表示未来必将发生的动作。

   例句: O governador só chegará daqui a três dias.

   　　　Amanhã fará muito frio.

   　　　O tratamento terminará no final do ano.

2. 陈述式将来时变位

   （1）规则变位的方法是在原动词后边分别加**-ei, -ás, -á, -emos, -ão**:

   eu falar**ei** tu falar**ás** você（ele, ela）falar**á** nós falar**emos**

   vocês（eles, elas）falar**ão**

   eu estar**ei** tu estar**ás** você（ele, ela）estar**á** nós estar**emos**

   vocês（eles, elas）estar**ão**

（2）部分动词陈述式将来时不规则变位：

	dizer	**fazer**	**trazer**
eu	dir**ei**	far**ei**	trar**ei**
tu	dir**ás**	far**ás**	trar**ás**
você/ele/ela	dir**á**	far**á**	trar**á**
nós	dir**emos**	far**emos**	trar**emos**
vocês/eles/elas	dir**ão**	far**ão**	trar**ão**

D 练习　Exercícios

1. Este ano no Verão **fomos** para Angola. No próximo ano **iremos** para Cabo Verde.
2. Ela diz que o médico **virá** por volta das 17h.
3. **Terei** muito gosto na vossa visita.
4. O João **diz** que **trará** presentes para todos.
5. Ele **tem** medo de andar de avião. **Diz** que nunca **andará** de avião.

陈述式将来时也可用作疑问句，表示对当前状况的不了解，不确定。如：

Estão a tocar à campainha. Quem **será**?

Ele não **veio** trabalhar. **Estará** doente?

E 序数词　os números ordinais

primeiro	第一	segundo	第二
terceiro	第三	quarto	第四
quinto	第五	sexto	第六
sétimo	第七	oitavo	第八
nono	第九	décimo	第十
vigésimo	第二十	trigésimo	第三十
quadragésimo	第四十	quinquagésimo	第五十
sexagésimo	第六十	septuagésimo	第七十
octogésimo	第八十	nonagésimo	第九十
centésimo	第一百	milésimo	第一千

F 泛读课文 Leitura

*Como está?   Estou bem, obrigado.

Está melhor?   Estou melhor.

                 Estou na mesma.

                 Estou pior.

*O Sr. Carlos visita o Eng.º António.

Carlos: Então, António, está melhor?

António: Olá, Carlos! Já estou um pouco melhor; obrigado.

Carlos: O que é que sente?

António: Tenho muitas dores de cabeça e muita febre.

Carlos: E o que é que o médico diz?

António: Diz que é uma gripe. Estou a tomar alguns medicamentos, mas já estou melhor. Depois de amanhã vou trabalhar.

Carlos: Acho melhor ficar em casa até completamente bom.

António: Como estão os nossos colegas?

Carlos: O João e a Luísa já voltaram ao trabalho, mas o Lima ainda está doente.

               ...

Carlos: Bom, tenho de ir cumprimentar todos os colegas e o chefe.

António: Ah, obrigado. Vocês são muito simpáticos. Cumprimentos a todos também.

Carlos: Adeus e as melhoras.

No escritório, o Sr. Carlos fala com os colegas.

Carlos: Boa tarde.

Colegas: Boa tarde, Sr. Carlos. Foi visitar o Eng.º António?

Carlos: Fui, à hora do almoço.

Colegas: Como é que ele está?

Carlos: Está um pouco melhor.

Colegas: O que é que ele tem?

Carlos: Tem gripe, mas o médico receitou alguns medicamentos, para ele tomar.

Colegas: Logo à noite, vamos telefonar ao Eng.º António.

G 补充词汇 Vocabulário

visitar	v.	访问
um pouco		一点点
completamente	adv.	完全地

cumprimentar	v.	问候
cumprimento	s.m.	问候
receitar	v.	开药

Vigésima terceira lição

A 课文 Texto

Não sei se já falei dela. Mas hoje de manhã, quando fui buscar o jornal, voltei a vê-la. É uma velha encurvada para o chão e que arrasta atrás de si a sua mercadoria. Não sei bem qual seja e muito menos quem lha compra. Instala-se nos passeios com a mercadoria à volta e rói um bocado de pão, resmoneando sempre. Tento entender, não entendo. Deve ser conversa com alguém que não vejo.

B 词汇 Vocabulário

se	*conj.*	如果，是否	
buscar	*v.*	找，取	
voltar	*v.*	返回	
encurvar	*v.*	弯腰	
chão	*s.m.*	地上	
arrastar	*v.*	拖，拉	
mercadoria	*s.f.*	商品	
instalar	*v.*	安置，安装	
instalar-se		待，停留	

passeio	*s.m.*	人行道	
à volta		在……周围	
roer	*v.*	咬，啃	
um bocado		一点，一些	
resmonear	*v.*	嘟囔	
tentar	*v.*	试图，用力	
entender	*v.*	理解	
conversa	*s.f.*	聊天	
alguém	*pron.*	某人，有人	

C 注释 Notas

1. falar de ... 提及，说过

2. dela=de+ela

3. voltar a+verbo 又……再次……

4. vê-la=ver a（ela, você）

5. encurvado 是动词encurvar的过去分词。

6. si人称代词você, ele（s）ela（s）在前置词后的形态。

7. lha=lhe+a（ela，课文中指mercadoria）

8. resmoneando是动词resmonear的动名词。

D **语法** Gramática

1. 动名词（gerúndio）是由词尾-ar, -er, -ir分别变为-ando, -endo, -indo而形成的一种动词词形，用于表示正在进行的动作或说明动作的原因、时间、条件和方式（状态）：

trabalh**ar** – trabalh**ando**   com**er** – com**endo**   part**ir** – part**indo**

正在进行的动作 O médico **está examinando** o doente.

原因　**Sabendo** que vinhas, fiquei em casa.

　　　Como sabia que vinhas, fiquei em casa.

时间　**Saindo** de casa, encontrei a Rita.

　　　Ao sair de casa, encontrei a Rita.

条件　**Tendo febre**, toma estes comprimidos.

　　　Se tiveres febre, toma estes comprimidos.

方式　O médico examina o doente **auscultando**.

　　　O médico examina o doente e o ausculta.

状态　A fêmea é maior, podendo chegar até 30 cm de comprimento.

学习提示：

（1）estar+动名词 和estar+a+原动词表达的方式一样，如está lendo等于está a ler 。前者是巴西的习惯用法，后者是葡萄牙和非洲葡萄牙语国家的习惯用法。

（2）Se tiveres febre, toma estes comprimidos.一句中tiveres是动词ter的虚拟式将来时（Tu），表示一种假设的条件；toma是动词tomar的命令式（Tu）。这一句的意思是："要是发烧，你就吃这些药片。"

2. 过去分词（particípio passado）是由词尾-ar, -er, -ir分别换成-ado, -ido, -ido而形成的一种动词词形，用于动词的被动表达方式（voz passiva），或和ser, estar, ficar等配合说明主体的某种状态。其形态为：

compr**ar** – compr**ado**   com**er** – com**ido**   part**ir** – part**ido**

部分不规则常用分词：

escrever – escrito	limpar – limpo	entregar – entregue
pôr – posto	pagar – pago	dizer – dito
fazer – feito	abrir – aberto	acender – aceso
secar – seco	salvar – salvo	aceitar – aceite
matar – morto	prender – preso	romper – roto

3. 分词的用法：

（1）用于动词的被动表达方式。如：

Essas flores foram **compradas** pela Ana.

A Ana comprou essas flores.

（2）表示主体的某种状态。如：

A reunião está **terminada**.

As crianças estavam **salvas**.

Preocupado, pergunta ao médico: " O meu caso é grave? "

E 练习　Exercícios

1. Lu Xun escreveu "O Remédio" .
2. "O Remédio" foi escrito por Lu Xun.
3. A empregada limpa as salas todos os dias.
4. As salas são limpas todos os dias pela empregada.
5. O enfermeiro vai dar medicamentos ao paciente.
6. Os medicamentos vão ser dados pelo enfermeiro ao paciente.
7. Assinaram o atestado de médico.
8. O atestado de médico já está assinado.
9. Fazendo algo mais que simplesmente trabalhar pelo salário, você sentirá as alegrias de dar de si mesmo em favor do mundo.

F 泛读课文　Leitrua

Vírus e bactérias

病毒和细菌

As bactérias são microorganismos, isto é, organismos extremamente pequenos, compostos por uma única célula de estrutura muito simples. Elas podem ser encontradas em todo lugar onde haja substâncias orgânicas que possibilitem a sua alimentação e reprodução: na terra, no ar, na água e em todos os organismos vivos e mortos.

A maioria das bactérias é inofensiva e algumas são muito úteis ao homem. É o caso das bactérias da fermentação láctea que possibilitam a produção de queijos e iogurte, e das bactérias da fermentação acética, usadas para fazer vinagre.

O pãozinho que comemos todos os dias também não existiria sem as bactérias presentes no fermento. Infelizmente, ao lado dessas bactérias úteis existem outras, muito perigosas para o organismo humano: as bactérias patogénicas, que causam doenças como pneumonia, tuberculose, sífilis, tétano, cólera, febre tifóide, meningite, peste e difteria entre outras.

O vírus é a menor partícula que existe, visível apenas pelo microscópio. Para viver e se multiplicar, ele precisa estar dentro das células. Quando conseguem entrar em um organismo, os vírus atacam tecidos musculares, nervosos, ósseos e até o sangue. O vírus causador da gripe é o vírus influenza.

Sua principal característica é estar em permanente transformação. Quando isso acontece, aparece um vírus "primo" do anterior. Nesses casos, temos alguma defesa contra o novo porque conhecemos o mais antigo. Quando ocorre a recombinação genética, surge um vírus totalmente novo, contra o qual não temos defesa alguma e que pode, muitas vezes, causar uma verdadeira epidemia.

Além da gripe, os vírus causam doenças mais severas como: paralisia infantil, sarampo, varíola, dengue, rubéola, febre-amarela e VIH/SIDA.

G 补充注释 Notas

microorganismo *s.m.* 微生物	viver *v.* 生活, 存活
extremamente *adv.* 极其, 特别	multiplicar-se *v.* 繁殖, 增多
composto *adj.* 合成的	surgir *v.* 发生, 出现
único *adj.* 唯一, 单一的	útil ao homem 对人类有益
célula *s.f.* 细胞	fermentação láctea 乳酸发酵
estrutura *s.f.* 结构	fermentação acética 醋酸发酵
substância orgânica 有机物质	bactéria patogénica 致病菌
alimentação *s.f.* 进食	Em todo lugar onde haja... 任何有……的地方
reprodução *s.f.* 繁殖	haja haver的虚拟式现在时.
vivo *adj.* 活的	a menor partícula 最小的微生物（细粒）
morto *adj.* 死的	visível apenas pelo microscópio 用显微镜才能看到
inofensivo *adj.* 无害的	alguma defesa 有些抵抗能力
vinagre *s.m.* 醋	defesa alguma 没有任何抵抗能力
fermento *s.m.* 酵母	recombinação genética 基因重组
perigoso *adj.* 有害的	causador 造成……的

1. possibilitem, possibilitar的虚拟式现在时, 是 "使……有可能的" 的意思。

2. Causam doenças como pneumonia, tuberculose, sífilis, tétano, cólera, febre tifóide, meningite, peste e difteria entre outras
   造成肺炎、肺结核、梅毒、破伤风、霍乱、伤寒、脑膜炎, 鼠疫和白喉等疾病

3. Atacam tecidos musculares, nervosos, ósseos e até o sangue.
   攻击肌组织、神经组织、骨组织, 甚至血液。

4. Sua principal característica é estar em permanente transformação.
   病毒最主要特征是在经常地变异。

5. Quando isso acontece, aparece...
   发生变异时就产生……
   这个句子中的isso就是前面句子中的transformação。
   Paralisia infantil, sarampo, varíola, dengue, rubéola, febre amarela e HIV/SIDA
   脊髓灰质炎（小儿麻痹症）、麻疹、天花、登革热、德国麻疹、黄热病和艾滋病

Vigésima quarta lição

A 课文 Texto

Estiveram silenciosos alguns segundos. Cortou Tomásia o silêncio perguntando:

— Vai-se embora amanhã?

— Vou.

— Não gosta de estar connosco?

— Gosto; mas cada um de nós tem a sua casa.

— Isso é verdade... – disse ela, com a mão da agulha suspensa, e os olhos fitos em qualquer coisa distante.

— É feliz, não é, Sr.ª Tomásia?

— Feliz é quem está no Céu. Diz o meu tio padre João que neste mundo ninguém é contente da sorte que tem.

— Que lhe falta a si? Não tem tudo o que deseja?

— Eu desejo pouco...

— Então que mais quer para ser feliz?

— Queria que o Sr. Silvestre se deixasse estar mais alguns dias por aqui; mas, se tem que fazer na sua casa, vá.

B 词汇 Vocabulário

silencioso	*adj.* 沉默，无言	olho	*s.m.* 眼
algum	*pron./ indef.* 某个	qualquer	*pron.* 任一个
segundo	*s.m.* 秒	coisa	*s.f.* 东西
cortar	*v.* 切断，剪	distante	*adj.* 远处的
silêncio	*s.m.* 沉默，安静	feliz	*adj.* 幸福的
perguntar	*v.* 问	céu	*s.m.* 天
ir-se embora	走，离开	padre	*s.m.* 神甫
connosco	*pron.* 和我们	mundo	*s.m.* 世界
cada	*pron.* 每个	ninguém	*pron. /indef.* 无人
verdade	*s.f.* 真理	sorte	*s.f.* 命运，运气
mão	*s.f.* 手	contente	*adj.* 满足，高兴
agulha	*s.f.* 针	faltar	*v.* 缺少
suspender	*v.* 悬，吊，停	deixar-se	*v.* 让自己……

C 注释　Notas

Queria que o Sr. Silvestre se deixasse estar mais alguns dias por aqui; mas, se tem que fazer na sua casa, vá.

queria 是动词querer的陈述式过去未完成时, 当其表示某种愿望时, 后面的副句动词变位应是虚拟式过去未完成时。

deixasse是动词deixar的虚拟式过去未完成时; vá是动词ir的虚拟式现在时和命令式, 在课文里表示"请……"的意思。

D 泛读课文一　Leitura Ⅰ

Aspirina: um velho medicamento com novos usos
阿司匹林: 老药新用

A aspirina é uma substância sólida conhecida há mais de 100 anos. Seu nome químico é ácido acetilsalicílico(AAS)e, provavelmente, é o medicamento mais conhecido e mais vendido no mundo. Milhões de pessoas já se utilizaram da aspirina para diminuir dores e baixar a febre.

Nos anos 1970, o cientista britânico John Vane observou que alguns tipos de ferimento eram acompanhados da liberação em nosso corpo de substâncias chamadas de prostaglandinas. Ele também percebeu que dois grupos delas provocavam febre e vermelhidão no local do ferimento(sinais de inflamação). Vane e colaboradores descobriram que a aspirina bloqueava a síntese de prostaglandinas, evitando a formação de plaquetas, que depois se transformavam em coágulos de sangue no corpo humano. Esses coágulos eram responsáveis pelo bloqueio do fluxo de sangue para o coração, resultando no ataque cardíaco. Assim, a aspirina evita a formação de coágulos e, portanto, pode impedir o infarto do miocárdio. A descoberta foi sensacional, uma vez que só nos EUA mais de um milhão de pessoas sofrem ataques cardíacos por ano e quase 50% delas acabam morrendo.

Actualmente o ácido acetilsalicílico é um fármaco utilizado como anti-inflamatório, antipirético, analgésico e também como antiplaquetar.

É, em estado puro, um pó de cristalino branco ou cristais incolores, pouco solúvel na água, facilmente solúvel no álcool e solúvel no éter.

E 补充注释一　Notas Ⅰ

formação　*s.f.*　构成, 编队		uma vez que　当……	
transformar-se　变成		sofrir　*v.*　受苦, 得……病	
coágulo　*s.m.*　凝结物, 凝块		acabar morrendo　最终死去	
fluxo de sangue para o coração　血液流向心脏		em estado puro　纯的	
resultar em　造成		pó　*s.m.*　粉末	

ataque cardíaco	心脏病发作	cristalino *adj.*	结晶性的
portanto *conj.*	因此	cristal *s.m.*	晶体
impedir *v.*	阻挡	incolor *adj./2g.*	无色的
infarto do miocárdio	心肌梗死	pouco solúvel na água	不溶于水
descoberta *s.f.*	发现	facilmente solúvel no álcool	易溶于乙醇
sensacional *adj.*	惊人的	éter *s.m.*	乙醚

Seu nome químico é ácido acetilsalicílico（AAS）

阿司匹林的化学名称叫乙酰水杨酸。

Milhões de pessoas já se utilizaram da aspirina para diminuir dores e baixar a febre.

成千上万的人用阿司匹林减痛退烧。

Nos anos 1970, o cientista britânico John Vane observou que alguns tipos de ferimento eram acompanhados da liberação em nosso corpo de substâncias chamadas de prostaglandinas.

20世纪70年代英国科学家John Vane观察到，人体某些类型的伤口释放出一些叫前列腺素的物质。

Ele também percebeu que dois grupos delas provocavam febre e vermelhidão no local do ferimento（sinais de inflamação）.

他也了解到两类前列腺素在受伤的地方引起发热和红肿（发炎症状）。

Vane e colaboradores descobriram que a aspirina bloqueava a síntese de prostaglandinas, evitando a formação de plaquetas, que depois se transformavam em coágulos de sangue no corpo humano.

Vane和他的同事发现阿司匹林阻止前列腺素的合成，抑制使人体内血液凝结的血小板聚集。

Actualmente a aspirina é um fármaco utilizado como anti-inflamatório, antipirético, analgésico e também como antiplaquetar.

目前，阿司匹林是用于消炎、解热、止痛和抗血小板的药物。

F 泛读课文二　Leitura Ⅱ

Gripe
流感

A gripe é uma doença do tracto respiratório, infecciosa e altamente contagiosa. Apesar de ser relativamente benigna, dado que evolui normalmente para a cura, pode provocar graves complicações em indivíduos mais susceptíveis ou mais debilitados.

　　Vírus

O responsável pela infecção é o influenza. Existem três tipos conhecidos（A, B e C）, sendo o tipo A o mais prevalente e o que surge associado às epidemias mais graves. Se a gripe for causada por um vírus do tipo C, os sintomas são geralmente ligeiros ou inexistentes, pelo que os maiores esforços para controlar os surtos da gripe correspondam aos tipos A e B.

　　Transmissão

A gripe humana transmite-se através de gotículas infectadas que são veiculadas de um indivíduo doente（quando este tosse ou espirra）para um indivíduo não-imunizado（seja pela vacinação, seja por uma infecção prévia）.

Grupos de risco

São considerados grupos de risco os idosos, as crianças entre os 6 e os 23 meses, os doentes crónicos（doenças cardíacas, pulmonares – como a asma, a bronquite crónica ou o enfisema, os insuficientes renais, os diabéticos）e todos os indivíduos debilitados do ponto de vista de defesas do organismo.

Sintomas

São relativamente característicos, consistindo em febre, dores de cabeça, dores no corpo, mal-estar geral e tosse seca. A estes podem juntar-se arrepios e olhos lacrimejantes ou inflamados.

Prevenção

A mais eficaz é feita através de uma vacina. Como o vírus da gripe "muda" todos os anos, a vacina é produzida em função da variedade do ano anterior.

Se sentir sintomas de gripe

1. Permaneça em casa e repouse;

2. Contacte o seu médico de família;

3. Evite mudanças de temperatura e não se abafe demasiado;

4. Lembre-se que durante o período de doença não deverá ser vacinado;

5. Evite recorrer a serviços de urgência: nestes locais o contacto entre as pessoas é muito próximo, o que aumenta a probabilidade de transmitir a doença a outros;

6. Beba bastantes líquidos, pois a febre faz perder água através da transpiração;

7. Tome apenas medicamentos recomendados pelo seu médico.

G 补充注释二　Notas Ⅱ

tracto respiratório　呼吸道	evoluir　*v.*　进展, 演化
infeccioso　*adj.*　感染性的	cura　*s.f.*　痊愈
altamente contagioso　极具传染性	complicação　*s.f.*　并发症, 麻烦
apesar de...　尽管……	indivíduo　*adj.*　个人, 个体
relativamente　*adv.*　相对地	susceptível　*adj.*　易感的
benigno　*adj.*　良性的	debilitado　*adj.*　体弱的
dado que...　因……	

Existem três tipos conhecidos（A, B e C）, sendo o tipo A o mais prevalente e o que surge associado às epidemias mais graves.

流感病毒有三种（甲、乙、丙）, 而甲型流行最广, 易造成大流行。

sendo... 是ser 的动名词, 以此方式带出 "o tipo A é o mais prevalente" 的副句。

Se a gripe for causada por um vírus do tipo C, os sintomas são geralmente ligeiros ou inexistentes, pelo que os maiores esforços para controlar os surtos de gripe correspondam aos tipos A e B.

如果流感是由丙型病毒引起的, 症状通常较轻或者没有。因此, 控制流感流行主要是针对甲型和乙型病毒的。

for是ser的虚拟式将来时; pelo que... 因为（前一句所讲的原因）所以……; os maiores esforços 最主要的努力。

surto *s.m.* 爆发		indivíduo não-imunizado 未经免疫的个体	
corresponder a... 与……有关, 符合……		ser considerado 被认为是	
transmitr-se através de 通过……传播		grupo de risco 危险人群	
gotícula infectada 感染雾粒		idoso *s.m.* 老人	
veiculado de... para... 从……被运、送到……		doente crónico 慢性病患者	

...seja pela vacinação, seja por uma infecção prévia.

……无论是因接种或先前感染过。

...doenças cardíacas, pulmonares – como a asma, a bronquite crónica ou o enfisema, os insuficientes renais, os diabéticos .

……心脏病、哮喘、支气管炎或肺气肿等肺部疾病或是肾病、糖尿病患者。

...todos os indivíduos debilitados do ponto de vista de defesas do organismo.

……一切机体抵抗能力弱的人。

sintoma *s.m.* 症状	dores de cabeça 头疼	
relativamente *adv.* 相对地	dores no corpo 身上疼痛	
característico *adj.* 有特点的	mal-estar geral 浑身不舒服	
consistindo em 构成, 是	tosse seca 干咳	
febre *s.m.* 发热, 发烧	prevenção *s.f.* 预防	

A estes podem juntar-se arrepios e olhos lacrimejantes ou inflamados.

还有寒战、眼睛流泪或发炎。

A mais eficaz é feita através de uma vacina. Como o vírus da gripe "muda" todos os anos, a vacina é produzida em função da variedade do ano anterior.

最有效的是打预防针。流感病毒年年"变化"，所以疫苗是根据头年流行的病毒变种生产的。

Permaneça em casa e repouse.

请待在家里休息。

Contacte o seu médico de família.

联系您的家庭医生。

Evite mudanças de temperatura e não se abafe demasiado.

注意温度变化, 不要捂得太严。

Lembre-se que durante o período de doença não deverá ser vacinado.

记住, 患病期间不能打预防针。

Evite recorrer a serviços de urgência: nestes locais o contacto entre as pessoas é muito próximo, o que aumenta a probabilidade de transmitir a doença a outros.

避免去急诊室, 这种地方人与人接触太近, 有可能把病传染给别人。

Beba bastantes líquidos, pois a febre faz perder água através da transpiração.

多喝水，因为发烧会通过出汗使水分流失。

Tome apenas medicamentos recomendados pelo seu médico.

只服用医生给你开的药。

H 泛读课文三　Leitura Ⅲ

Cuidado com o "ritmo" do seu coração
当心你的心跳快慢

"Coração acelerado, dando a sensação de que vai sair pela boca" é a descrição mais ouvida pelo cardiologista quando um paciente se queixa de palpitações. Mas, será que esse sintoma é simplesmente psicológico, uma reacção a um evento inesperado, ou esconde algum problema no coração?

As palpitações podem ser acompanhadas por sintomas agudos como dificuldade de respirar, sensação de opressão no peito ou súbita perda de consciência. Nesses casos, é muito importante procurar um médico sem demora.

Problemas cardíacos, hipertiroidismo, episódios de ansiedade ou depressão devem ser cuidadosamente investigados.

A frequência das palpitações pode ser controlada na medida em que se descobre e se trata o problema de base. Por exemplo, se estiver relacionada a uma disfunção no coração, este deve ser tratado com medicamentos; se a causa for stresse ou mesmo síndrome do pânico, o paciente deve receber atendimento clínico e psicológico.

Quando as palpitações são ocasionais, surgindo e desaparecendo rapidamente, o melhor a fazer é evitar o consumo de café, refrigerantes, bebidas alcoólicas e tabaco. De qualquer modo, é importante prestar atenção nos sinais.

Quando palpitações são acompanhadas por falta de ar e inchaço nas pernas, pode indicar insuficiência cardíaca, exigindo socorro imediato.

I 补充注释三　Notas Ⅲ

"Coração acelerado, dando a sensação de que vai sair pela boca" é a descrição mais ouvida pelo cardiologista quando um paciente se queixa de palpitações.

"心跳快，有一种要从嗓子里跳出来的感觉" 这是病人诉说心跳不适时心脏科医生听得最多的一句话。

acelerado *adj.* 加快的	opressão no peito 胸闷	
sensação *s.f.* 感觉，知觉	súbita perda de consciência 突然失去知觉	
descrição *s.f.* 描写，讲述	nesses casos 在这种情况下	
cardiologista 2g. 心脏科医生	É muito importante procurar um médico	
paciente 2g. 病人	sem demora 最要紧的是马上找医生	
hipertiroidismo *s.m.* 甲状腺功能亢进	queixar-se *v.* 诉说，抱怨	

episódio	s.m.	发生 (事情)	

episódio   *s.m.*   发生（事情）

ansiedade   *s.f.*   不安, 焦虑

depressão   *s.f.*   抑郁

reacção a um evento inesperado
　　对未料事情的反应

agudo   *adj.*   急性的, 严重的

dificuldade de respirar   呼吸困难

será que...   莫非……

é simplesmente psicológico   只是心理性的

cuidadosamente   *adv.*   认真地

esconder   *v.*   隐藏

investigar   *v.*   了解, 调查, 研究

frequência   *s.f.*   频率

ocasional   *adj.*   偶尔的

Na medida em que se descobre e se trata o problema de base.

（心悸可以得到控制），所采取的措施是可以有效缓解症状的和解决基本问题的。

Por exemplo, se estiver relacionada a uma disfunção no coração, este deve ser tratado com medicamentos; se a causa for stresse ou mesmo síndrome do pânico, o paciente deve receber atendimento clínico e psicológico.

比如, 要是和心脏功能问题有关就应当用药物治疗; 如果是因为紧张, 或者甚至是压力引起的恐慌症, 病人就得看病, 看心理医生。

estiver是estar的虚拟式将来时, 表示一种假设。

Surgindo e desaparecendo rapidamente.

来得快, 去得快。

O melhor a fazer é evitar o consumo de café, refrigerantes, bebidas alcoólicas e tabaco.

最好是不要喝咖啡、冷饮, 喝酒和抽烟。

De qualquer modo, é importante prestar atenção nos sinais.

无论如何要注意这些迹象。

Quando palpitações são acompanhadas por falta de ar e inchaço nas pernas, pode indicar insuficiência cardíaca, exigindo socorro imediato.

心跳快的同时又有接不上气, 两腿肿胀, 可能是心力衰竭, 必须要急救。

J　泛读课文四　Leitura IV

Intoxicações alimentares
食物中毒

Intoxicações alimentares são doenças provocadas por água ou alimentos contaminados.

De acordo com a Organização Mundial de Saúde, um em cada três habitantes de países industrializados sofre, por ano, intoxicações alimentares. No Verão, são mais frequentes devido à temperatura ambiente elevada, pelo que são necessários cuidados redobrados na confecção e conservação dos alimentos durante os dias de maior calor.

Como evitar as intoxicações alimentares?

• Escolha alimentos frescos e cuja origem lhe inspire confiança;

• Não consuma ovos e carne de frango (ou de aves) que não estejam completamente cozinhados;

• Lave frequentemente as mãos – sobretudo depois de ir à casa de banho;

• Evite espirrar ou tossir para cima dos alimentos;

• Não coma ou fume enquanto manipula os alimentos;

• Lave cuidadosamente os alimentos que vão ser consumidos crus（caso das alfaces ou da fruta），bem como os utensílios de cozinha e superfícies que contactam com os alimentos（ex.: bancas de cozinha）；

• Não utilize os mesmos utensílios para alimentos crus e cozinhados;

• Depois de confeccionados, os alimentos devem ser consumidos num curto espaço de tempo. As sobras devem ser conservadas no frigorífico, pois só assim se pode evitar a multiplicação de micróbios presentes nos alimentos.

K 补充注释四　Notas Ⅳ

contaminar　　*v.*　污染, 弄脏, 毒害

de acordo com a Organização Mundial de Saúde　据世界卫生组织

um em cada três habitantes　每三个居民中有一个

países industrializados　工业化国家

frequente　　*adj.*　频繁的, 常常的

Devido à temperatura ambiente elevada, pelo que são necessários cuidados redobrados na confecção e conservação dos alimentos durante os dias de maior calor.

因环境温度高, 所以在特别热的日子里加工和保存食品要格外注意。

Escolha alimentos frescos e cuja origem lhe inspire confiança. 选择新鲜的、来源可靠的食品。

cuja origem= origem de alimentos

Não consuma ovos e carne de frango que não estejam completamente cozinhados.

不要食用未完全煮熟的蛋类和鸡肉。estejam是estar的虚拟式现在时, 用于表示一种假设。

Lave frequentemente as mãos – sobretudo depois de ir à casa de banho. 常洗手, 特别是便后。

Evite espirrar ou tossir para cima dos alimento. 打喷嚏、咳嗽时不要对着食品。

Não coma ou fume enquanto manipula os alimentos.

加工食品时不要吃东西或抽烟。

lavar　*v.*　洗	bem como　以及
consumido cru　生吃	utensílios de cozinha　厨房用具
alface　*s.m.*　生菜	superfície　*s.f.*　表面, 平面
fruta　*s.f.*　水果	bancas de cozinha　厨房台面

Depois de confeccionados, os alimentos devem ser consumidos num curto espaço de tempo. As sobras devem ser conservadas no frigorífico, pois só assim se pode evitar a multiplicação de micróbios presentes nos alimentos.

食品制作完后应在短时间内吃掉, 剩下的应放到冰箱里, 这样才能避免食物里的微生物繁殖。

阶段复习二　**Revisão Periodo II**

1. — O que costuma tomar ao pequeno-almoço?

   — Um copo de leite e uma maçã.

   — Leite simples ou com algo?

   — Leite com chocolate ou iogurtes e como uma ou duas torradinhas, raramente como...

   — O pequeno-almoço é sempre o mesmo?

   — Uns dias tenho mais apetite que outros, por isso o pequeno-almoço nunca é igual.

2. — O que você costuma comer no jantar?

   a) — Nada.

   b) — Sopa, carnes, peixes, arroz ou pão.

   c) — Arroz, feijão, carne magra, saladas, legumes.

   　　— E você costuma comer sobremesa?

   a) — Sim, todos os dias.

   b) — Algumas vezes por semana.

   c) — Não como sobremesas, no máximo 1 vez no final de semana.

3. — Na semana passada estive doente. Tive febre.

   — Agora estou bem. Já não tenho febre.

   — Tenho aulas todos os dias, mas ontem não tive porque o professor foi ao médico.

   — Ele esteve uma semana em Moçambique.

   — Foi lá em negócios. Foi uma viagem muito cansativa.

   — Ele vai de carro para o trabalho.

   — Ontem ele foi de carro para o trabalho.

   — Vou ao supermercado.

   — Hoje de manhã já fui ao supermercado.

   — Estou em casa hoje à noite.

   — Ontem também estive em casa à noite.

   — Estes exercícios são fáceis.

   — Os de ontem foram mais difíceis.

— Vejo o Paulo quase todos os dias.

— Mas ontem eu não o vi.

4. — Vai-se embora amanhã?

— Vou.

— Não gosta de estar connosco?

— Gosto; mas cada um de nós tem a sua casa.

— Isso é verdade... – disse ela, com a mão da agulha suspensa, e os olhos fitos em qualquer coisa distante.

— É feliz, não é, Sr.ª Tomásia?

— Feliz é quem está no Céu. Diz o meu tio padre João que neste mundo ninguém é contente da sorte que tem.

— Que lhe falta a si? Não tem tudo o que deseja?

— Eu desejo pouco...

— Então que mais quer para ser feliz?

— Queria que o Sr. Silvestre se deixasse estar mais alguns dias por aqui; mas, se tem que fazer na sua casa, vá.

B 填充练习

1. 填写适当的变位动词。

Há trinta anos eu _____ (ter) vinte anos e _____ (morar) no Sul da China, numa aldeia pequena, numa casa muito velha.

Agora _____ (ter) cinquenta anos, e _____ (morar) com a minha mulher e os meus dois filhos num apartamento moderno e confortável.

_____ (poder) dizer-me onde é a Av. da República?

_____ (poder) passar-me o açúcar, por favor?

2. 填写适当的前置词。

Ponho as mãos _____ a mesa.

O João é português, é _____ Lisboa.

Às duas e vinte e cinco eles voltam _____ o escritório e trabalham _____ às cinco e meia.

Às dez para as nove eles vão _____ o trabalho juntos.

Olho _____ frente e não vejo nada.

Você vai sair e nós ficamos _____ casa.

Tomo o pequeno-almoço todos os dias: _____ segunda _____ domingo.

Eles vão _____ casa.

O senhor deve falar _____ o director.

O enfermeiro vai dar medicamentos _____ paciente.

"O Remédio" foi escrito _____ Lu Xun.

O João diz que trará presentes _____ todos.

Eu queria ir _____ vocês, mas infelizmente não tenho tempo.

Queria falar _____ o Dr. Nunes, por favor.

Você deve falar _____ voz alta.

Dorme bem _____ a noite?

Estou _____ febre.

Vai pôr sal ou açúcar _____ sopa?

Nós entramos na sala de aula _____ oito e meia.

Ele sai do hospital _____ cinco da tarde.

A mãe senta-se ao lado _____ seu filho.

C 翻译下列句子

我小时候得过无法治愈的心脏病。

劳驾，我想找努内斯博士（大夫）。

劳驾，把糖递给我。（能把糖递给我吗？）

我一直起得早，但前天比往常起得更早。

—你感觉怎样？

—今天好些了。

她和我一样高。

谁看见我的钢笔了？

医生刚刚出去。

他什么也没有跟我说。

要是发烧，请服用这些药片。

请进！

安娜买了这些花。

这些花是安娜买的。

今天下午我们开会。

今天晚上我在家。

昨天晚上我也在家。

上个礼拜我病了，发烧了。

现在好了，不发烧。

去年她死了丈夫。

手臂动得了吗？

早饭习惯吃什么？

年轻时跟父母一起住，现在单住。

第二部分　日常临床用葡萄牙语

Parte II　Português de Uso Clínico Diário

课文 **Texto**

A 想买伤风感冒药的女士　Uma senhora quer comprar um remédio para constipação

Na farmácia

— **Boa tarde.**

— **Pois não, o que a senhora deseja.**

— **Estou com dor de cabeça, dores no corpo, não me sinto bem. O senhor tem algum remédio para constipação**?

— Desculpe-me, mas aqui nós só vendemos com receita médica. A senhora precisa procurar um médico antes.

— Não conheço nada aqui, aonde eu poderia ir?

— Há um hospital na rua de cima, a senhora segue sempre em frente. A cerca de 200 metros vira à sua esquerda, e encontra o hospital a 20 metros do seu lado direito.

— **Mas não é nada sério...**

— Não tem problema, a senhora se encaminha à emergência, e eles vão atendê-la, mesmo que não seja nada de sério.

— **Está bem, obrigada.**

No balcão de atendimento do Hospital

— Bom dia, eu não me sinto bem, poderia ser atendida por um médico?

— **Qual é o seu problema**?

— Dor de cabeça, dores no corpo e muito cansaço.

— Vamos fazer uma ficha para a senhora. Por favor, preencha este impresso, com seu nome, endereço, e o nome do seu Plano de Saúde.

— Mas não é nada sério...

— É o regulamento, não podemos fugir dele.

— Muito bem, vou preencher.

— Agora, aqui está a senha da senhora, preste atenção que vão chamá-la por este número.

Duas horas depois:

— **Número 87!**

— Sou eu.

— Por favor, senhora, siga por aquele corredor e entre na segunda porta à direita, que o médico vai atendê-la.

— Pois não.

— **Boa tarde, doutor.**

— **Boa tarde, então, o que a senhora está sentindo**?

— **Acho que estou com febre, sinto dores de cabeça, dores no corpo, e muito cansaço.**

— **Vamos examiná-la e tirar a temperatura.**

— **Está tudo normal. Acho que não é necessário medicá-la. Sou contra excessos de comprimidos. Acho que com um chá bem quente e uma boa noite de sono, a senhora vai ficar bem amanhã...**

— **Mas doutor, eu me sinto doente...**

— Doente que nada, a senhora está apenas um pouco cansada. Tente relaxar e verá que é melhor do que alguns comprimidos.

— **E nada de remédios, injecção, ou algo que o valha**?

— **A senhora está óptima.**

— **Obrigada.**

— **Não há de que.**

B 实用句型　Orações práticas

请坐。你怎么了? Sente-se, por favor. Qual é o problema?

你怎么了? O que o senhor tem? O que é que tem? O que o senhor sente? Qual é o seu problema? O que foi que lhe aconteceu?

您多大了? Qual é a sua idade, meu senhor? Quantos anos o senhor tem?

结婚了吗? É casado?

你看上去不太好……怎么了? O senhor parece mal... O que sente?

今天你(感觉)怎么样? Como se sente hoje? Como é que o senhor se sente hoje?

好些了吧?　Então, já se sente melhor? Está melhor?

这有多长时间了? Há quanto tempo isso acontece? E desde quando o senhor sente isso? Há quanto tempo você se sente assim? Faz muito tempo que você tem esse problema? Há quanto tempo tem esse problema?

病了多长时间了? Há quanto tempo está doente?

有三四来个月了。Há uns três ou quatro meses.

还有什么? O que mais o senhor sente?

以前来过这家医院吗? Já esteve neste hospital anteriormente?

大夫, 我有点问题。Doutor, estou com um problema.

我有……问题。Estou com problema de...

我感到……Estou sentindo...

大夫, 我感到不舒服。Doutor, não me sinto bem.

大夫, 我身体欠佳。Senhor Doutor, estou mal disposto.

大夫, 我要请你帮个忙。Doutor, preciso da sua ajuda.

你晚上睡几个小时? Quantas horas o senhor dorme por noite?

我晚上睡不着觉。Não consigo dormir à noite.

我很快就睡着, 但晚上要醒好几次。Durmo rápido, mas acordo várias vezes à noite.

睡不着觉。Tenho dificuldade em pegar no sono.

你哪儿疼? O que é que lhe dói?

这儿疼不疼? Diga se sente dor aqui.

疼吗? 哪儿疼? Tem alguma dor? Aponte onde?

什么时候开始疼痛的? Quando é que a dor começou?

痛得厉害吗? Qual é a intensidade da dor?

部位 local

类型 Tipo: 针刺般疼痛 pontada　脉冲式疼痛 pulsátil　持续疼痛 contínua

频率 Frequência: ＿＿＿＿ 次/天 vez/dia, ＿＿＿＿ vez/semana 次/周, ＿＿＿＿ vez/mês 次/月

程度 Intensidade: 轻微 leve　中等 moderada　严重 severa

你头疼吗? Dói-lhe a cabeça ? Tem dor de cabeça? Está com dor de cabeça?

大夫, 我胸口疼得厉害。Doutor, dói-me muito o peito.

胸口痛? Dor no peito?

你背痛? Tem dor nas costas?

我全身疼痛。Dói-me todo o corpo.

我肚子有点痛。Sinto uma dorzinha na barriga.

我早上起床时头疼。Sinto dor de cabeça pela manhã ao levantar-me.

活动后头疼。Sinto dor de cabeça após exercício físico.

傍晚空腹时头疼。Sinto dor de cabeça no final da tarde, com o estômago vazio.

饿的时候头疼。Sinto dor de cabeça quando estou com fome.

紧张的时候头疼。Sinto dor de cabeça quando estou nervoso.

还有别的什么疼痛吗? Tem outras dores?

你头晕吗? Sente tontura?

你出现这些症状一天几次? 一个星期一次?

　　Você tem estes sintomas várias vezes por dia? Uma vez por semana?

量量你的温度。Vejamos a sua temperatura.　Vou medir a sua temperatura.

不到39摄氏度。Não chega a 39°C.

昨天我已经烧到38.8摄氏度, 今天是38.5摄氏度。

　　Já fiquei com 38.8°C de febre ontem, e hoje 38.5°C.

体温超过39摄氏度。Febre acima de 39°C.

请你伸出手来, 我给你号一号脉。O braço por favor, vou medir-lhe a pulsação.

我给你量量血压。Deixe-me medir a sua pressão arterial. Vou medir a sua pressão.

让我看一下。Deixe-me ver.

我看看你的腿。Vou examinar-lhe as pernas.

听听你的肺部。Vou auscultar seus pulmões. Vou auscultar-lhe o peito.

张开嘴, 说"啊"。Abra a sua boca e diga "ah".

张大嘴, 说"啊……"。Abra a boca bem grande e diga ah-ah-ah!

请伸出舌头。Mostre a língua, por favor.

请咳一下。Tussa, por favor.

请脱掉外套，躺在这儿。Por favor, tire o casaco e deite-se aqui.

请躺在那张床上，脱下衬衣。Por favor, deite-se naquela cama e tire a camisa.

好，现在可以起来了。Pronto, agora pode levantar-se.

请抬起胳膊（腿）。Levante os braços（pernas）.

深呼吸。Respire fundo.

请屏住呼吸。Sustenha a respiração, por favor.

正常呼吸。Respire normalmente.

深吸气，慢吐气。Inspire fundo e depois, expire lentamente.

请慢慢转身。Vire-se bem lentamente.

往右转身（往左）。Vire-se para o lado direito（esquerdo）.

（请）伸直胳膊和腿。Estique os braços e pernas, por favor.

放松些。Fique relaxado.

不要紧张。Não fique nervoso.

让我摸摸你的喉咙。Deixe-me examinar a sua garganta.

要是受不了就说。Diga só quando não aguentar mais.

大夫，我难受（不行了）。Doutor, não aguento mais.

咳嗽吗? 有没有痰? Tem tosse? Tem expectoração?

你咳嗽多长时间了? Há quanto tempo está com tosse?

你孩子咳嗽多长时间了? Há quanto tempo é que o seu filho está com tosse?

是老这样咳嗽，还是有时候咳嗽得更厉害?

　　A tosse é constante ou é mais frequente em algum período do dia?

每年的什么季节咳嗽得更厉害些? A tosse é mais frequente em alguma época do ano?

痰是什么颜色? A cor da expectoração?

今天你的咳嗽情况好多了。Sua tosse está bem melhor hoje.

大夫，我怎么啦? Senhor doutor, o que é que eu tenho?

一下子说不好。Agora de repente é difícil de dizer.

你大便干燥? Sofre de obstipação（prisão de ventre）?

出过什么事故吗? Sofreu algum acidente?

犯过心脏病（高血压）吗? Alguma vez teve problemas de coração（tensão alta）?

我感冒了? Estou com gripe? Tenho gripe?

你着凉了? Apanhou muito frio?

你吃多了? Comeu muito?

他心跳快。Ele sofre de taquicardia（O coração bate rápido）.

我呼吸困难。Tenho dificuldade de respirar.

我觉得胸闷。Estou com a sensação de opressão no peito.

我一活动就累。Tenho cansaço aos esforços.

我接不上气，气促。Eu tenho falta de ar.

我伤风（流鼻涕，打喷嚏）。Estou gripado（constipado）（corrimento nasal, espirros）.

脑袋一转晕得更厉害。A tontura piora ao virar a cabeça.

我要吐。Preciso de vomitar.

我要上厕所。Necessito de ir à casa de banho.

我的病严重吗, 大夫? É grave, doutor? É grave o meu caso, doutor? É algo grave?

大夫, 我会好起来吗? Doutor, vou ficar bom? Doutor, vou ficar bem?

别怕。Não se assuste.

别担心。问题不大。Não se preocupe. Não é um problema sério.

不要紧。Não é problema sério.

没有事（没有问题, 没有毛病）。Isso não é problema.

不要担心这个病。Não se preocupe com essa doença.

请放心。Pode ficar tranquilo. Pode ficar descansado. Fique descansado.

我不相信。Não acredito.

我相信。Acredito.

我这病是初期还是晚期? Qual é o estágio da minha doença?

癌症是否已经扩散? O cancro está disseminado?

我的病预后如何? Qual é o meu prognóstico?

我的病能否治好? Podemos falar em cura para o meu caso? A minha doença tem cura?

这（病）要多长时间才治得好? Quanto tempo isso demora para curar?

也就是一两个礼拜的事。没有大问题。Deve durar de uma a duas semanas e não há maiores riscos. 但有些人要三个礼拜才能完全好。

Mas algumas pessoas podem levar até 3 semanas para melhorar completamente.

大夫, 我失眠（拉肚子, 头痛……）Doutor, estou sofrendo de insónia（diarreia, dores de cabeça...）

他得了小便失禁的毛病。Ele sofre de incontinência urinária.

你得的是阴道炎, 要吃药。这是你的药方。

Você sofre de vaginite, precisa de tomar medicamentos. Aqui está a sua receita.

你用这些药（片）, 明天就一点也不痛了。

Você leva estes comprimidos e amanhã já não tem dor nenhuma.

你现在在吃什么药? Actualmente, está a tomar algum medicamento?

你拿这个药方, 两个星期后再来看。Tome esta receita e volte daqui a duas semanas.

两天后来医院。Passe por cá daqui a dois dias.

明天到我这儿来。Amanhã apareça por cá. Venha cá amanhã.

你需要做一个全面检查。É preciso fazer-lhe um exame geral.

你应接受多种检查。Deve ser submetido a vários exames.

你愿意让男医生还是女医生检查? Gostaria de ser examinado por um médico ou por uma médica?

随便。Não tenho preferência.

这病得马上急救。A doença exige socorro imediato.

你得动手术。Tem de ser operado.

你需要住院。Tem necessidade de internamento.

不需要住院。Não há necessidade de internação.

你必须住院。Tem de ficar internado

你要转到另一个病房。Vai ser transferido para outra enfermaria.

你需要卧床几天。Tem de ficar de cama por alguns dias.

你要查一查尿。Você vai ter um exame de urina.

你要查一查血。Você vai ter um exame de sangue.

给你抽血，留血样。Vou tirar-lhe uma amostra de sangue.

查血一般要几天才出结果。O resultado do exame de sangue geralmente leva alguns dias para ficar pronto.

你要照一张片子。Você precisa tirar uma radiografia.

你要做一个CT检查。Você vai fazer uma tomografia computadorizada.

马上做一个心电图。Imediatamente fazer um electrocardiograma.

你的化验结果已经出来了。As suas análises já saíram.

我已经检查（化验）了，结果是阴性。Eu já fiz o exame e deu negativo.

我刚刚拿到检查结果。Acabei de pegar resultado do meu exame.

检查结果是阳性（阴性）。O resultado da análise deu positivo（negativo）. O resultado do teste deu positivo（negativo）. O exame foi positivo（negativo）.

口服这些药片。Tome estes comprimidos por via oral.

需要给你打一针。Precisa de uma injecção.

你对……过敏? É alérgico a...?

空腹服，饭前1小时，或饭后2小时。

　　Tome este medicamento com o estômago vazio, 1 hora antes ou 2 horas depois de comer.

每天要尽量同一时间服药，觉得好了也还要吃几天。

　　Tente tomar as doses sempre à mesma hora, todos os dias, e continue a tomá-los mesmo que se sinta melhor.

这药要几个星期，甚至更长的时间才能见效。

　　Pode levar várias semanas ou mais para ver todos os efeitos deste medicamento.

我想出院。Eu gostaria de ter alta.

我不能开这个出院诊断书。Não posso assinar a alta do doente.

我可以给你开病假条。Posso assinar-lhe um atestado médico para justificar as faltas.

有什么事，就给我打电话。Se precisar de alguma coisa, é só me ligar.

C 常用词汇

体重减轻或增加　perda ou ganho do peso	肥胖　obesidade
消瘦　emagrecimento	疲劳　cansaço
虚弱　fraqueza	没胃口　falta de apetite, perda de apetite
肠胃不适　indisposição gástrica	寒战　arrepio de frio
伤风感冒　constipação（resfriado）/gripe	鼻子不通气　nariz entupido
高热，高烧　febre alta	低烧　febre baixa
发烧不退　febre persistente	不明原因的发烧　febre de origem desconhecida
怕冷　intolerância ou muito sensível ao frio	怕热　intolerância ou muito sensível ao calor
怕疼　aumento de sensibilidade à dor	口渴　（sentir）muita sede
有饥饿感　（sentir）muita fome	失眠　insónia

盗汗　sudorese nocturna

排汗, 出汗　sudorese

大出冷汗　transpiração intensa e fria

头汗　suores na cabeça

无汗（症）ausência de suor, sudorese
ausente, anidrose, sudorese diminuída

呼吸困难　dificuldade de respirar,
respiração difícil, dispneia

心跳加快　aumento da frequência dos
batimentos cardíacos, pulso
acelerado, taquicardia,
batimentos acelerados do
coração, o coração bate mais
rápido

吞咽困难　disfagia,　dificuldade em engolir

呕吐　vómito, êmese

头晕, 头昏　tontura, vertigem

低血压　hipotensão, pressão arterial baixa

血压升高　subida de pressão arterial

腹泻　diarreia

大便干燥　prisão de ventre, obstipação
ou constipação intestinal

肛门出血　sangramento anal

溃疡　ulcerações

小便变细　diminuição do jacto urinário

少尿症　oligúria

夜尿症　noctúria, nictúria

阳痿　impotência, disfunção eréctil

（面部皮肤和手上）发绀, 发紫
pele do rosto e mãos azuladas（cianose）

便血　hematoquesia

肠胃出血　hemorragias gastrintestinais

便中带血　aparecimento de sangue nas fezes,
sangramento fecal

脓疮　pústula

关节痛　artralgia, dor articular

肿大, 肿胀　tumefacção

痛风　gota

惊厥, 抽搐　convulsão

失去知觉　perda de consciência

出汗过多　sudorese excessiva,　excesso de
transpiração, sudorese aumentada,
transpiração excessiva

出冷汗　sudorese fria

胸痛　dores torácicas

干咳或者带痰　tosse seca ou com catarro

心跳过缓　bradicardia

心悸　palpitação

胸部胀满　peito cheio, sensação de peito cheio

胸部发胀发紧　sensação de peito cheio/rijo

脸色苍白　palidez, palidez do rosto

打嗝　eructação gástrica, arroto

恶心　náusea

呕血, 吐血　hematémese, vómito de sangue

胃灼热, 烧心　azia, pirose, ardor no estômago

高血压　hipertensão, pressão alta

血压下降　queda de pressão arterial

腹痛　dor abdominal, dor de barriga,
abdominalgia, celialgia

大便隐血　sangue oculto nas fezes, sangue oculto fecal

大便的硬度和颜色有变化
alterações da consistência e cor das fezes

脱肛　prolapso rectal

小便起来困难　dificuldade em iniciar a micção

排尿困难　disúria, dificuldade para urinar

多尿症　poliúria

小便失禁　incontinência urinária

贫血　anemia

血尿　hematúria

出血　hemorragia,　sangramento

易出血　tendência hemorrágica

脓　pus

脓肿　abcesso

关节发炎　inflamação das junturas（ou
articulações）, artrite

创伤, 外伤　trauma

肿胀, 肿大　inchaço

红斑　vermelhidão

昏厥　síncope

痉挛, 抽筋　cãibra, câimbra

门诊, 住院, 检查, 化验, 治疗
  consultas externas, internamento,
  exames, análises, tratamentos
隔离 isolamento do doente
（药品）说明书 bula
病历卡 ficha de história clínica
初步诊断 diagnóstico provisório
入院记录 processo de internamento
发展情况和护理记录
  evolução e anotações de enfermagem
手术记录 descrição da operação

探望规定 regulamento para as visitas
出院 ter alta
死亡证 atestado（certidão）de Óbito
病历 processo clínico, prontuário médico
病史 anamnese
最后诊断 diagnóstico definitivo
治疗和用药 tratamento e medicação
已做手术 cirurgias realizadas
麻醉记录（病历中的） fichas de anestesiologia
麻醉记录（麻醉方案） protocolo anestésico
辅助检查 exames subsidiários

患者身份（一般资料）：姓名、年龄、性别、种族、婚姻状况、现职业、曾经从事的职业、工作单位、出生地、国籍、目前住址、旧址

Identificação: nome, idade, sexo, etnia, estado civil, profissão actual, profissão anterior, local de trabalho, naturalidade, nacionalidade, residência actual e residência anterior

主诉 queixa principal（QP）   现病史 história da doença actual（HDA）
既往史, 病史 história de antecedentes pessoais, História médica pregressa（HMP）
家族史 história familiar（HF）   家族病史 antecedentes familiares
诊断书 laudo médico, certificado médico, atestado médico
有抽烟喝酒的习惯 hábitos tabágicos ou alcoólicos

这个病的症状包括······ os sintomas da doença compreendem...

难受, 不舒服 mal-estar

浑身难受, 不舒服 mal-estar geral

不舒服 indisposição

营养缺乏, 营养不足 desnutrição

营养不良 malnutrição

脱水 desidratação

缺铁 falta de ferro, défice de ferro

缺钙 falta de cálcio

发抖, 出汗, 忽冷忽热
  tremores, suores e calafrios

血肿 hematoma

食物不耐受 intolerância alimentar

周围性水肿 edema periférico（inchaço nos pés,
  pernas, abdómen e braços）

黑便 melena

阴道排液 corrimento vaginal

直肠出血 rectorragia

性欲减低（性冷淡） frigidez（主要指女性）

痔疮 hemorróida

多食 polifagia

不孕 esterilidade

面部淤斑 equimose facial

多饮多尿 polidipsia e poliúria

记忆力发生变化 alterações da memória

吃东西没有味道 diminuição do paladar

绞痛 cólica

淤斑 equimose, nódoa negra

手脚发凉 pés e mãos frios

头发紧, 发胀 sensação de aperto na cabeça

四肢发冷 extremidades frias

虚脱 prostração, lipotimia, colapso

脸部或手部肿胀 inchaço na face ou nas mãos

手脚发热 pés e mãos quentes

腿疼 dores nas pernas

肚子疼或胀 abdómen dolorido ou distendido

肌无力 fraqueza muscular

尿床 enurese nocturna, fazer "xixi" na
  cama durante a noite

间歇性跛行 claudicação intermitente

走路、上楼梯腿疼

骨骼肌肉创伤 trauma musculoesquelético

  dores nas pernas ao andar ou subir escadas

动作不协调 problemas de coordenação motora

跛行 claudicação, coxeio

手握不紧 fraqueza ao fechar as mãos

说话困难 dificuldade de falar

走路困难 dificuldade de andar

随时抽筋 câimbra a qualquer hora

晚间腿脚抽筋 câimbra nocturna nas pernas e pés

麻的感觉 sensação de adormecimento

蚁行的感觉 sensação de formigamento

触电的感觉 sensação de choque eléctrico

口苦 boca amarga

口干 boca seca

喉咙干 garganta seca

舌苔厚重 língua saburrosa

走路不稳 marcha instável

反复肿胀 inchaço que vai e volta

红肿 edema e rubor

流泪 lacrimejo, lacrimejamento

怕亮光 aversão à claridade

红、肿、热、痛 rubor, calor, dor e tumor

怕气味 aversão aos cheiros

怕声音 aversão ao barulho

嗓子痒 sentir comichão na garganta

头皮过敏 hipersensibilidade do couro cabeludo

声嘶, 声音嘶哑 rouquidão

瘙痒, 皮肤瘙痒 prurido, comichão, coceira

眼睛凸出 protrusão dos olhos

甲状腺肿大　aumento da tireóide

牙龈出血　sangramentos em gengivas

肌肉疼痛　dores musculares

皮肤干燥　pele seca

耳鸣　zumbido, tinido, zunido

烦躁　disforia, estado de mal-estar e
　　　agitação ansiosa

焦虑，忧虑　ansiedade

嗜睡　sonolência

打不起精神　falta de vontade，perda
　de interesse e prazer

注意力不集中　diminuição da atenção /
　concentração

皮肤眼睛发黄（黄疸）
　pele e olhos amarelos（icterícia）

落枕　torcicolo

掉头发　queda de cabelo

易怒，好激动　irritabilidade

情绪波动、不稳定　flutuações do humor

忧郁，抑郁　depressão

脑子犯糊涂　confusão mental

情绪变化　alterações emocionais

控制不了情绪　perda de controlo emocional

记忆力减弱　diminuição da memória

感到腿沉和下肢疲劳。

Sensação de peso e cansaço nos membros inferiores.

我不走路腿疼就好些。

A dor na perna melhora quando eu paro de andar.

早上醒来感到很疲劳。

Acordo cansado pela manhã.

我浑身奇痒。

Sinto muita coceira pelo corpo.

我躺着也头晕。

Sinto tontura mesmo deitado.

站起来或一抬头就头晕。

Tontura ao levantar a cabeça ou ficar de pé rápido.

不到时候我就困得不行了。

Estou com sono irresistível que vem de repente/ fora de hora.

我每年都要感染几次。

Tenho apresentado várias infecções por ano.

活动后就会长时间虚弱无力。

Tenho astenia ou falta de força prolongada após fazer exercício.

我吃得不多，但还是发胖。

Eu como pouco e mesmo assim eu engordo.

我吃得很多，但就是胖不起来。

Eu como muito e não engordo.

早期诊断最要紧。

O diagnóstico precoce é fundamental.

不能觉得好了就不再治疗了。

Não deve parar o tratamento quando se sentir melhor.

试试这个药。

Experimente este remédio.

这个药服后会出现轻微症状。

Pode apresentar leves sintomas com este medicamento.

这些药用餐时服用。

Os medicamentos devem ser ingeridos junto com uma refeição.

治疗期间不要饮酒。

Não ingerir bebida alcoólica durante o tratamento.

这一两周内, 你需要注意。

Deve ter muito cuidado daqui a uma semana ou duas.

你很快就会好起来的。

Vai ficar bem logo, logo.

没有特别的药。

Não há medicação específica indicada.

迄今, 任何药都治不了。没有办法。

Nenhum medicamento, até o momento, é comprovadamente eficaz para a cura. Lamento muito.

这病目前还说不清楚。

Ainda não há uma explicação para isso.

遗传病是不可治愈的, 治疗费用很高。

A doença hereditária não tem cura, e o tratamento é de alto custo.

还得做别的什么检查, 隔多长时间做检查, 这些检查管什么用?

Que outros exames poderei ter de fazer? Com que periodicidade devo fazê-los?

O que é que estes exames revelam?

病情不像看起来那么简单。

A situação clínica não é tão simples como aparenta.

多普通的病也不能轻视。

Por mais que a doença possa ser simples, não se pode menosprezá-la.

人过中年, 最好要定期看医生。

Se você já passou da meia-idade, é bom fazer visitas periódicas ao seu médico.

我的病还会复发?

 Minha doença pode regredir?

如果出现新的症状或者病重了我该怎么办?

Se algum novo sintoma surgir ou piorar, como devo proceder?

什么情况下我应与你联系?

Em quais situações eu devo ligar para você?

住院治疗还是门诊治疗?

O tratamento vai ser em regime de internamento, ou ambulatório?

整个疗程需要在医院待多长时间?

Durante quanto tempo posso ter de ficar no hospital para as sessões de tratamento?

这要多长时间才治得好?

Quanto tempo isso demora para curar?

治愈的可能性有多大?

Qual é a probabilidade de o tratamento ser bem sucedido?

这种治疗要一两年。

Este tratamento dura de 1 a 2 anos.

治疗是长期的。

O tratamento é a longo prazo.

每种治疗有何风险和副作用?

Quais são os riscos e possíveis efeitos secundários de cada um dos tratamentos?

每个疗程的时间是多少?

Qual é a duração de cada tratamento?

治疗对正常生活（工作、家庭）等有没有影响?

De que modo poderá o tratamento afectar a minha vida normal (trabalho, família, etc.) ?

有些药会有严重的副作用。

Alguns medicamentos podem apresentar efeitos colaterais significativos.

治疗……病通常是费时间和困难的。

O tratamento de ... costuma ser demorado e difícil.

这病去不了根。没有办法。

A doença fica para sempre. Lamento muito.

尽管这病治不好，但适当的治疗可以减轻症状，改善功能和生活质量。

Embora não haja cura para a doença, o tratamento adequado permite aliviar os sintomas e melhorar a capacidade funcional e a qualidade de vida.

你已经完全治好了，我们可以结束治疗了。

O senhor está completamente curado da sua doença. Podemos encerrar o seu tratamento.

病人可以生活如常，在工作单位或做体力活动没有任何限制。

O paciente pode levar uma vida totalmente normal, sem qualquer restrição, seja no trabalho, seja quanto às actividades físicas.

能过正常的独立生活。

É capaz de levar uma vida normal e independente.

安排好（我们）自己的时间。

Administrar melhor nosso tempo.

注意个人卫生。

Ter cuidado com a higiene pessoal.

控制好血糖。

Manter um bom controlo da glicemia.

改变一下你的不良饮食习惯。

Mude os maus hábitos alimentares.

少吃盐。

Reduzir a ingestão de sal.

多喝水，节制饮食。

Beber muita água e comer moderadamente.

每天要走30分钟以上，至少一周要走4天。

Fazer caminhada de, no mínimo, 30 minutos todos os dias ou, pelo menos, quatro vezes por semana.

走路、游泳、跑步和骑自行车是高血压患者最好的锻炼。

Os melhores exercícios para os pacientes hipertensos são: caminhar, nadar, correr, e andar de bicicleta.

要严格按医嘱服药，注意剂量、次数和时间。

Deve tomar o medicamento rigorosamente conforme foi prescrito, observando as doses, número de tomadas diárias e os horários.

不要吃甜食和脂肪多的食品。

Evite doces e alimentos gordurosos.

食用纤维多的食品。

Coma alimentos com muita fibra.

多做户外锻炼。

Pratique desportos ao ar livre.

适当休息和锻炼。

Repouse e exercite-se de maneira adequada.

避免去人多和室内场所。

Evite aglomerações e ambientes fechados.

Vocabulário de uso quotidiano

A 动词

加剧，变得严重 agravar

这办法（措施）甚至会使过敏加重。

A medida pode até agravar a alergia.

抽烟加重咳嗽。

A tosse agrava com o fumo.

发生 ocorrer

1至10岁的儿童更易发生昆虫叮咬引起的过敏，但成人也会发生。

Alergia à picada de insectos ocorre mais frequentemente em crianças de 1 a 10 anos de idade mas que pode também ocorrer em adultos.

疟疾大部分发生在撒哈拉沙漠以南的非洲。

A maioria dos casos de paludismo ocorre na África Sub-Sahareana.

出现，发生 aparecer, apresentar

一般说来，皮肤受伤发生在暴露部分。

Geralmente as lesões de pele aparecem em áreas expostas.

什么时候出现症状？

Quando os sintomas aparecem?

Quando os sintomas apareceram?

多数病人出现这些症状，最常见的是高烧和疼痛。

A maioria dos pacientes apresenta esses sintomas. Febre alta e dores são os mais frequentes.

恶化，加重，更厉害 piorar

经常抽烟会加重病情。

Hábito de fumar pode piorar doenças.

深呼吸时疼得更厉害。

A dor piora quando respira fundo.

好转，改善 melhorar

维生素 B可改善动脉健康状况。

Vitamina B pode melhorar saúde das artérias.

鼻子不堵了，但呼吸困难的情况没有改善。

A dispneia não melhora após a desobstrução nasal.

增加　aumentar

我想增加体重。

Eu quero aumentar o meu peso.

日剂量一周内逐步增加到100毫克。

Aumentar a dosagem diária gradualmente para 100 mg em uma semana.

开始　começar, iniciar

我们明天开始工作。

Vamos começar a trabalhar amanhã.

接触这些病毒3至7天后会开始出现这些症状。

Os sintomas podem iniciar no período de 3 a 7 dias após contacto com esses vírus.

结束，完结　terminar

这一阶段的黄热病疫苗接种今天结束。

Termina hoje o prazo para vacinação contra a febre amarela.

我们把这工作都干完吧。

Então vamos lá terminar todo esse trabalho.

结束，完结，结果（最终）　acabar

医生说我的治疗已完结。

Meu médico me disse que o meu tratamento acabou.

我是2008年10月7日开始，今年6月22日结束的。

Comecei no dia 7 de Outubro de 2008 e terminei no dia 22 de Junho deste ano.

结果他也死于感染。

Ele acabou morrendo também por infecção.

Ele acabou por morrer também por causa de infecção.

恢复　recuperar

病人已完全恢复。

O paciente já está completamente recuperado.

睡眠使我们恢复力气。

O sono faz-nos recuperar as forças.

继续　continuar

这样的情况不能继续下去了。

Esta situação não pode continuar.

已确诊的癌症病例继续在增加。

O número de casos de cancro diagnosticados continua a aumentar.

需要　precisar

只需要好好休息。什么药都不用吃，知道吗？

Só precisa de descansar bem. Nada de medicamentos, ouviu?

我想知道买这种药是否需要医生开处方。

Quero saber se precisa de receita médica para comprar esse medicamento.

哺乳期妈妈需要补充维生素D。

Durante a amamentação, a mãe precisa de receber um suplemento de vitamina D.

院长，我需要找您说说。

Senhor director, preciso de falar consigo.

需要　necessitar

这一治疗更需要病人配合。

Este tratamento necessita de maior colaboração do paciente.

蜜蜂需要花朵。

A abelha necessita de flores.

记住，记得　lembrar-se

记得这是什么时候的事？

Você se lembra de quando isso aconteceu?

我还清楚地记得我第一次骑自行车。

Ainda me lembro bem da primeira vez que andei de bicicleta.

过去的事我一点也记不得了。

Já não me lembro de nada do passado.

忘记　esquecer-se

不要忘了吃你的药。

Não se esqueça de tomar o seu medicamento.

我忘了带钱来了。

Eu esqueci de trazer dinheiro.

同意，接受　aceitar

我们打算做这个手术。你同意吗？

Pretendemos realizar esta cirurgia. O senhor aceita?

他接受了同事的建议。

Ele aceitou a proposta do colega.

同意　concordar

我不同意你的结论。

Eu não concordo com a sua conclusão.

我同意（你们的意见、看法、做法……）。

Concordo com vocês.

反对　ser（estar）contra
为什么教会反对打胎、避孕和离婚呢?

Por que a Igreja é contra aborto, preservativos e divórcio?

我反对。

Estou contra.

允许　permitir
护士不允许他进去。

A enfermeira não permitiu que ele entrasse.

这个年纪不行了(不允许)。

A idade não permite.

请求, 要求　pedir
我想请你帮个忙。

Queria pedir-lhe um favor.

多数药房不要处方?

A maioria das farmácias não pede receita médica?

要求, 需要　exigir
做这项工作要求你得很有责任心。

Este trabalho exige muita responsabilidade.

这一治疗需要耐心和时间。

O tratamento exige paciência e tempo.

头部创伤要急救。

Trauma na cabeça exige atendimento urgente.

害怕　assustar-se
别害怕, 病情不像你所想的那么严重.

Não se assuste, que o caso não é tão grave como imagina.

担心　preocupar-se
不必担心, 孩子过不了几天就会好的。

Não se preocupe. A criança vai melhorar em poucos dias.

放心　ficar descansado
放心, 这事我能干。

Fique descansado que eu posso fazer isso.

放心, 这病治得好。

Pode ficar descansado, pois a doença tem cura.

紧张 estar nervoso
我很紧张。

Estou muito nervoso.

别紧张!

Não fique nervoso!

高兴 ser（estar, ficar）contente
这些孩子真的被抢救过来了, 医生很高兴。

O médico fica muito contente em verificar que as crianças estão realmente salvas.

到这儿我很高兴。

Estou muito contente por estar cá.

愿意 gostar, querer, estar disposto a
你高兴住在乡下?

Gosta de viver no campo?

你愿意帮我写报告吗?

Queria ajudar-me a fazer o relatório?

大家都愿意献血。

Todos estão dispostos a doar sangue.

许多住院病人喜欢有人陪。

Muitos pacientes internados gostariam de ficar com acompanhante.

他现在就想出去。

Ele quer sair agora mesmo.

我也想参加这项活动。

Eu também gostaria de participar desta actividade.

希望做……事, 想（做什么事） esperar, desejar
她想要个孩子。

Ela esperaria que tivesse um filho.

我们想去西班牙玩。

Desejamos viajar para a Espanha.

祝（希望）大家新年圣诞快乐。

Desejamos a todos um Feliz Natal e Ano Novo.

让……做（不做）……事 mandar, deixar, permitir
头儿让我进去。

O chefe mandou-me entrar na sala.

父亲不让他孩子在办公室里玩。

O pai não deixa a menina brincar no seu escritório.

院长不让救护车出医院。

O director do hospital não permitiu que a ambulância saísse do hospital.

帮……做…… ajudar...a fazer...

劳驾, 帮我找一下这个人。

Ajude-me a encontrar essa pessoa, por favor.

认为, 觉得 achar, pensar, considerar

我认为价格太贵了。

Eu acho que o preço está muito caro.

他觉得行。

Ele pensa que pode.

我们认为这是无法接受的。

Consideramos isso inaceitável.

我们认为这是个好主意。

Consideramos que se trata de uma boa ideia.

考虑 pensar, levar em consideração

不要考虑太多了。干就行了。

Não pense muito, apenas faça.

我们会考虑你的请求的。

Vamos levar em consideração o seu pedido.

借 emprestar

你的车能借给我吗?

Poderia emprestar-me o seu carro?

能借我一把榔头吗?

Pode emprestar-me um martelo?

还 devolver

钱我明天还给你。

Vou devolver-lhe o dinheiro amanhã.

B 形容词

大—小 grande – pequeno

经常—稀少 frequente – raro

好的—坏的 bom (boa) – mau (má)

远—近 distante – próximo

良性—恶性 benigno – maligno

高的—矮的 alto – baixo

短的—长的　curto – comprido, longo

厚的—薄的　espesso – delgado

干的—潮的　seco – húmido

热的—冷的　quente – frio

老的，旧的　velho, antigo

年轻的　novo, jovem

很少的　pouco

丑陋的　feio

早期的　precoce

正确的　correcto, justo

真的　verdadeiro

懒的　preguiçoso

重的　pesado

特别的　especial, específico

伤心的　triste, magoado

慢的　lento

不同的　diferente

圆的　redondo

长方形的　rectangular

扁的　achatado

宽的—窄的　largo – estreito

浓的—稀的　denso – rarefeito, ralo

粗糙的—光滑的　áspero – liso

肥的—瘦的　gordo – magro

新的　novo

许多的　muito, numeroso

漂亮的　bonito

美好的　lindo, agradável

晚期的　tardio

错误的　errado

假的　falso

勤劳的　trabalhador

轻的　leve, ligeiro

高兴的　contente, alegre

快的　rápido

有趣的　interessante

同样的　similar, igual

正方形的　quadrado

椭圆形的　oval

尖的　pontiagudo

C　颜色

黑色（的）　preto, negro

蓝色（的）　azul

粉红色（的）　encarnado

橘黄色（的）　alaranjado

棕色（的）　castanho, cor de castanha, marrom

金色（的）　dourado

深色（的）　escuro, de cor escura

白色（的）　branco

紫色（的）　violeta, purpúreo

黄色（的）　amarelo

绿色（的）　verde

灰色（的）　cinzento

浅色（的）　claro, de cor clara

D　时间概念

早上　período da manhã（até as 10h）

傍晚　ao fim da tarde, no final da tarde

白天　no decorrer do dia, de dia, durante o dia

逢周末和节假日　aos finais de semana e feriados

饭后　depois da refeição

上午　pela manhã, de manhã

早上起床时　ao levantar de manhã

日常　no dia-a-dia, diariamente, quotidiano

饭前　antes da refeição

大便时　no momento da evacuação

大便后　após a evacuação

长时间站立之后　após longos períodos em pé

在操作前后　antes e após a manipulação do paciente

然后，马上就……　logo de seguida

每隔一小时　de hora em hora

多次，常常　muitas vezes

从不　nunca

天天　todos os dias

小便时　ao urinar

一出生就……　logo ao nascer

直到……　até

手术时　durante a cirurgia

两天后　dois dias depois

一直，始终　sempre

很少　poucas vezes

隔天　um dia sim e outro não

E 缩写

Q - [em] cada／todo os [períodos de] ...（terapêutica）每个

Q4º-6º cada 4 a 6 horas（terapêutica）　每4至6小时

QAM - cada manhã／todas as manhãs（terapêutica）　每天上午

QD - cada dia／tuma vez por dia（terapêutica）　每天一次

QH - cada hora／tde hora em hora（terapêutica）　每小时

QID - Quater In Die [quatro vezes por dia]（terapêutica）每天4次

F 人体

头部　cabeça

眼　olho

牙　dente

耳　ouvido

胸部　tórax

肺　pulmões

胃　estômago

肝　fígado

脾　baço

胆　vesícula biliar

臂　braço

手指　dedo

乳头　mamilo

背部　dorso, costas

臀部　anca, nádegas

脚　pé

皮　pele

毛　pêlo

太阳穴　têmpora

嘴　boca

鼻　nariz

颈　pescoço

心　coração

腹部　abdómen

肠　intestino

肾　rim

胰腺　pâncreas

四肢　membros

手　mão

乳房　mama

肩部　ombros

腕部　pulso

小腿肚子　panturrilha, barriga da perna

脚跟　calcanhar（parte posterior do pé）

头皮　couro cabeludo

头发　cabelo

G 计量单位

磅　libra, lb

克　grama, g

微克　micrograma, μg

毫升　mililitro, ml

一勺　uma colher de

一杯　uma chávena ou xícara de

盎司　onça, oz

毫克　miligrama, mg

公升　litro, l

一片　uma fatia

一包　um envelope de

H 用药

按人按药每日开方　Ter receita diária e individual para cada medicamento.

处方药　medicamentos sujeitos a receita médica, medicamento sob prescrição

非处方药　medicamentos não sujeitos a receita médica, medicamento de venda livre,
　　　　medicamentos isentos de prescrição

自费药品　medicamentos que não são comparticipados

通用名药物, 国际非专有名称药物, 非专利药　medicamento genérico

剂量　dose

首次剂量　dose inicial

维持剂量　dose de manutenção

单剂量包装　em embalagens de dose unitária

药品辅料　excipiente farmacêutico

片剂, 药片　comprimido（comp.）

含片　pastilha, comprimido bucal

控释片　comprimido de liberação controlada

肠溶片　comprimidos com revestimento entérico

二相型　bifásico

胶囊　cápsula（caps）

丸剂　grânulo

乳剂　emulsão

乳膏, 霜　creme

浆　pasta

汤药　tisana

混合液, 混悬剂　suspensão

针剂　injectável, injecção（Inj.）

注射用水　água para solução

酊剂　tintura

最大剂量　dose máxima

负荷剂量　dose de ataque

包装　embalagem

药物剂型, 药品形状　forma farmacêutica

药粉　pó

糖衣片　drágea

缓释片　comprimido de liberação prolongada

速释片　comprimido de pronta liberação,
　　　comprimido de libertação rápida

口腔崩解片　comprimido de desintegração oral

三相型　trifásico

药丸（包括避孕药）　pílula

栓剂　supositório

软膏剂, 药膏　pomada

塞剂（阴道）　óvulo, supositório vaginal

药水　medicamento líquido, líquido

糖浆　xarope

溶液　solução

注射液　solução injectável（Inj.）

注射用粉末　pó para solução

外用药
    medicamento tópico, medicamentos para aplicação externa

酒精　álcool

医用气体　gases medicinais

二氧化碳　dióxido de carbono

氧气　oxigénio

一氧化二氮，笑气　óxido nitroso

环氧乙烷　óxido de etileno

搽剂，油剂　linimento

外用药水　solução tópica

漱口水，口腔漱洗液　colutório, enxaguante bucal

环丙烷　ciclopropano

氦气　hélio

氮气　nitrogénio

压缩空气　ar comprimido

给药方法

局部给药　tópica

滴注　instilação

灌肠给药　enema

耳部给药　gotas otológicas

消化道给药　administração enteral（entérica）

（通过人工途径）胃插管、胃镜、十二
    指肠插管、鼻饲
    por tubo gástrico, gastrostomia, tubo de
    alimentação duodenal, alimentação nasal

非消化道给药
    administração parenteral（parentérica）

动脉注射　injecção intra-arterial（na artéria）

骨髓注射
    infusão intraóssea（na medula óssea）

透皮给药 transdérmica

须用水吞服　necessidade de deglutir com líquido

舌下含服　colocar sob a língua

将药瓶放在冰箱里　manter o frasco em geladeira

每日最大剂量　dose máxima por dia

药片上有压痕，以便掰开服用。　Os comprimidos têm ranhuras para permitirem uma divisão da dose.

表皮给药　epidérmica（aplicação sobre a pele）

吸入给药　inalável

眼部给药　colírios（sobre a conjuntiva）

鼻腔给药　intranasal

口服　pela boca（oralmente- per os）

肛门给药　pelo recto

静脉注射　injecção intravenosa（na veia）

肌内注射　injecção intramuscular（no músculo）

皮下注射　injecção subcutânea（sob a pele）

皮内注射（直接注射到皮肤内部）
    injecção intradérmica（na própria pele）

心内注射　injecção intracardíaca

黏膜给药　transmucosa

须慢慢推注　necessidade de injectar lentamente

给药注意事项　cuidados a serem observados na
    administração

注意保存　cuidados de conservação

门诊开药　prescrição ambulatorial

药品种类和部分用药

镇痛药　analgésico

麻醉类止痛药　analgésico narcótico

非类固醇类抗炎药，非甾体抗炎药
    anti-inflamatórios não-esteróides

止咳药　antitússico

利尿剂　diurético

止泻药　antidiarreico

解毒药　antídoto

非麻醉类止痛剂　analgésico não narcótico

抗炎药　anti-inflamatório

退烧药　antipirético, antitérmico, febrífugo,
    antifebril

祛痰药　expectorante

止血药　anti-hemorrágico

止痒药　antiprurítico

普通解热镇痛药　analgésicos comuns

解痉挛药　medicação antiespasmódica

镇静剂　depressores, sedativo, calmante

磺胺类药　sulfonamida

免疫抑制剂　imunossupressor, imunodepressor,
　　imunoinibidor

抗高血压药, 降血压药　hipotensor, anti-hipertensor

麻醉药品　narcótico

麻醉剂　anestésico

安眠药
　　hipnótico, sonífero, comprimidos para dormir

抗过敏药　antialérgico

轻泻剂　laxante

肌肉松弛剂　relaxante muscular

支气管扩张剂　broncodilador

精神药品　psicofármaco, psicotrópico

激素　hormona

抗结核药物

异烟肼, 雷米封　Isoniazida

盐酸乙胺丁醇　Cloridrato de etambutol

乙硫异烟胺　Etionamida
　　（二线用药　segunda linha）

氨硫脲　Tioacetazona

硫酸卡那霉素　Sulfato de canamicina

环丝氨酸　Oxamicina, d-cicloserina

硫酸阿米卡星　Sulfato de amicacina

左氧氟沙星　Levofloxacina, levofloxacino

利福平　Rifampicina

吡嗪酰胺　Pirazinamida

硫酸链霉　Sulfato de estreptomicina

丙硫异烟胺　Protionamida

硫酸卷曲霉素　Sulfato de capreomicina

利福喷汀　Rifapentina

氧氟沙星　Ofloxacina, ofloxacino

对氨基水杨酸钠　Aminosalicilato de sódio

心血管疾病用药

强心苷类　Digitálicos ou cardioglicosídeos

地高辛　Digoxina

洋地黄毒苷　Digitoxina

毒毛旋花子苷G　Ouabaína ou estrofantina-g

肾上腺素　Epinefrina, adrenalina

去氧肾上腺素, 苯肾上腺素　Fenilefrina

麻黄碱　Efedrina

硝酸甘油　Nitroglicerina

多巴胺　Dopamina

阿米洛利　Amilorida

甲基多巴　Metildopa

利血平　Reserpina

呋塞米, 速尿　Furosemida, Lasix

硝普钠, 亚硝基铁氰化钠
　　Nitroprussiato de sódio

马来酸依那普利　Maleato de enalapril

氨氯地平　Anlodipino, amlodipina

丙吡胺　Disopiramido, disopiramida

阿普林定, 安搏律定　Aprindina

去乙酰毛花苷, 毛花苷C, 西地兰　Deslanosídeo

毛地黄苷, 洋地黄苷　Digitalina

甲地高辛　Metildigoxina

毒毛花苷K　Estrofantina K

去甲肾上腺素　Noradrenalina, noraepinefrina

异丙肾上腺素　Isoprenalina, isoproterenol

氨茶碱　Aminofilina

硝酸异山梨酯, 消心痛
　　Dinitrato de isossorbido, dinitrato de isossorbida

多巴酚丁胺　Dobutamina

盐酸阿米洛利　Cloridrato de amilorida

盐酸甲基多巴　Cloridrato de metildopa

异波帕胺　Ibopamina

乙酰唑胺　Acetazolamida

醋丁洛尔　Acebutolol

非洛地平, 波依定　Felodipina, felodipino

尼莫地平　Nimodipina, nimodipino

奎尼丁　Quinidina

利多卡因　Lidocaína

氢化奎尼丁, 氢化奎尼定　Hidroquinidina

普鲁卡因胺　Procainamida

氟卡胺, 氟卡尼　Flecainida

胺碘酮　Amiodarona

腺苷　Adenosina

阿托伐他汀　Atorvastatina

阿替洛尔　Atenolol

阿拉普利　Alacepril

盐酸贝那普利　Cloridrato de benazepril

盐酸喹那普利　Cloridrato de quinapril

坎地沙坦　Candesartana, candesartan

缬沙坦　Valsartana, valsartan

盐酸阿夫唑嗪　Cloridrato de alfuzosina

盐酸哌唑嗪　Cloridrato de prazosina

亚硝酸异戊酯

　Nitrito de amila, 3-metil-1-nitrosooxibutano

地塞米松　Dexametasona

氢化可的松, 皮质醇　Hidrocortisona, cortisol

盐酸异丙嗪, 非那根　Cloridrato de prometazina

水蛭素　Hirudina

西洛他唑　Cilostazol

替卡格雷　Ticagrelor

依前列醇, 前列环素　Prostaciclina, PGI2

三磷腺苷, 三磷酸腺苷

　Trifosfato de adenosina（ATP）

细胞色素C　Citocromo C

肌苷　Inosina

氧烯洛尔, 心得平　Oxprenolol

双嘧达莫, 双嘧哌胺醇, 潘生丁

　Dipiridamol, dipiridamole

硝苯地平, 心痛定　Nifedipina, nifedipino

普罗帕酮　Propafenona

盐酸普罗帕酮, 心律平

　Cloridrato de propafenona

盐酸美西律　Cloridrato de mexiletina

单硝酸异山梨酯片

　Mononitrato de isossorbida em comprimidos

重酒石酸间羟胺　Bitartarato de metaraminol

琥珀酰明胶　Gelatina succinilada

硫酸镁　Sulfato de magnésio

乙酰卡尼, N-乙酰普鲁卡因胺

　N-Acetilprocainamida

醋酸氟卡尼　Acetato de flecainida

溴苄胺　Bretílio

辛伐他汀　Sinvastatina

瑞舒伐他汀钙片　Rosuvastatina

乌拉地尔　Urapidil

贝那普利　Benazepril

喹那普利　Quinapril

厄贝沙坦　Irbesartana, irbesartan

氯沙坦　Losartana, losartan

阿夫唑嗪　Alfuzosina

哌唑嗪, 脉宁平　Prazozina

阿托品　Atropina

低分子右旋糖酐, 右旋糖酐40

　Dextrano 40, dextrano de baixo peso molecular

异丙嗪　Prometazina

华法林　Varfarina, warfarina

肝素　Heparina

阿司匹林　Aspirina

氯吡格雷　Clopidogrel

普拉格雷　Prasugrel

辅酶A　Coenzima A

辅酶Q10　Ubiquinona, Coenzima Q10

磷酸肌酸　Fosfocreatina

叶酸　Ácido fólico

左旋肉碱, 左旋卡尼汀　Levocarnitina

普萘洛尔, 心得安　Propranolol

地尔硫草　Diltiazem

卡托普利　Captopril

米力农　Milrinona

维拉帕米　Verapamil

链激酶, 溶栓酶　Estreptoquinase

单硝酸异山梨酯缓释片

　Mononitrato de isossorbida em comprimidos
　de liberação prolongada

富马酸比索洛尔　Fumarato de bisoprolol

甲磺酸酚妥拉明　Mesilato de fentolamina

甘露醇　Manitol

氯化钾　Cloreto de potássio

消化道用药

西咪替丁, 甲氰咪胍, 胃痛灵　Cimetidina
氢氧化镁　Hidróxido de magnésio
甲氧氯普胺, 胃复安, 灭吐灵　Metoclopramida
呋喃唑酮, 痢特灵　Furazolidona
盐酸洛哌丁胺　Cloridrato de loperamida
胰酶　Pancreatina
阿托品　Atropina
贝那替嗪, 胃复康　Benactizina
雷尼替丁　Ranitidina
奥美拉唑　Omeprazol
奥美拉唑镁　Omeprazol magnésio
葡醛内酯, 肝泰乐　Glucoronolactona
非尼戊醇　Fenipentol
氨基己酸　Ácido aminocaproico,
　　ácido ε - aminocaproico, ácido 6-aminocaproico
阿扑吗啡, 去水吗啡　Apomorfina
克拉霉素, 甲红霉素　Claritromicina
酚酞, 果导片　Fenolftaleína
液体石蜡　Parafina líquida, óleo de parafina,
　　óleo mineral
柳氮磺吡啶　Sulfassalazina
乳果糖　Lactulose
维生素U　Vitamina U

氢氧化铝　Hidróxido de alumínio
碳酸氢钠, 小苏打　Bicarbonato de sódio
盐酸甲氧氯普胺　Cloridrato de metoclopramida
洛哌丁胺　Loperamida
干酵母, 酵母片　Comprimido de levedura
胃蛋白酶　Pepsina
颠茄浸膏　Extracto de beladona
溴丙胺太林, 普鲁苯辛　Brometo de propantelina
盐酸雷尼替丁　Cloridrato de ranitidina
奥美拉唑钠　Omeprazol sódico
去氢胆酸　Ácido dehidrocólico
胆酸钠　Taurocolato de sódio
谷氨酸　Ácido glutâmico
三氯醋酸
　　Ácido tricloroacético, ácido tricloroetanóico
甲硝唑, 灭滴灵　Metronidazol, Flagyl
阿莫西林　Amoxicilina
盐酸恩丹西酮　Cloridrato de ondansetrona
甘油　Glicerol
欧车前亲水胶体　Mucilóide hidrófilo de Psyllium
硫酸镁　Sulfato de magnésio
枸橼酸哌嗪（驱蛔灵）　Citrato de piperazina

磺胺类药物

磺胺异噁唑　Sulfafurazol
磺胺甲噁唑, 新诺明　Sulfametoxazol
磺胺间甲氧嘧啶　Sulfamonometoxina
磺胺米隆　Mafenida, sulfamilon
醋酸磺胺米隆　Acetato de mafenida
磺胺嘧啶钠　Sulfadiazina sódica
磺胺醋酰　Sulfacetamida
对氨基苯磺酰胺, 氨苯磺胺　Sulfanilamida
甲氧苄啶　Trimetoprim, trimetoprima

磺胺二甲嘧啶　Sulfadimidina
复方磺胺甲噁唑, 复方新诺明
　　Cotrimoxazol（sulfametoxazol e trimetoprima）;
　　trimetoprima = trimetoprim
磺胺嘧啶　Sulfadiazina
磺胺嘧啶银　Sulfadiazina de prata
磺胺醋酰钠　Sulfacetamida sódica
柳氮磺吡啶　Sulfassalazina

呋喃类药物

呋喃西林　Nitrofurazona
呋喃妥因　Nitrofurantoína

呋喃唑酮, 痢特灵　Furazolidona

镇静、安定药

地西泮, 安定　Diazepam, Valium	氯氮䓬, 甲氨二氮䓬, 利眠宁　Clordiazepóxido
盐酸氯氮䓬, 盐酸利眠宁	氟硝西泮, 氟硝安定　Flunitrazepam
Cloridrato de clordiazepóxido	盐酸咪达唑仑　Cloridrato de midazolam
咪达唑仑, 咪唑安定　Midazolam	氟哌利多　Droperidol
马来酸咪达唑仑　Maleato de midazolam	盐酸异丙嗪　Cloridrato de prometazina
异丙嗪　Prometazina	氯丙嗪, 冬眠灵　Clorpromazina
茶氯酸异丙嗪　Teoclato de prometazina	盐酸氟奋乃静　Cloridrato de flufenazina
奋乃静　Perfenazina	阿普唑仑, 佳静安定　Alprazolam
溴西泮　Bromazepam	谷维素　Gama orizanol
甲丙氨酯, 安宁, 眠尔通	苯巴比妥, 鲁米那
Meprobamato, Miltown	Fenobarbital, Fenobarbitona, Luminal
戊巴比妥钠　Pentobarbital sódico	异丙酚, 丙泊酚　Propofol
甲喹酮, 甲苯喹唑酮, 安眠酮　Metaqualona, Mandrix	唑吡坦　Zolpidem
苯妥英钠, 大伦丁　Fenitoína sódica	扎来普隆　Zaleplona
酒石酸唑吡坦　Tartarato de zolpidem	艾司唑仑　Estazolam
佐匹克隆　Zopiclona	氯硝西泮　Clonazepam

镇痛药

吗啡　Morfina	醋酸吗啡　Acetato de morfina
二醋吗啡　Diamorfina	甲基溴吗啡　Metilbrometo de morfina
枸橼酸吗啡　Citrato de morfina	盐酸吗啡　Cloridrato de morfina
甲基氯吗啡　Clorometilato de morfina	硬脂酸吗啡　Estearato de morfina
苯基丙酸吗啡　Fenilpropionato de morfina	磷酸吗啡　Fosfato de morfina
葡萄糖酸吗啡　Gluconato de morfina	次磷酸吗啡　Hipofosfito de morfina
氢碘酸吗啡　Iodidrato de morfina	甲基碘吗啡　Iodometilato de morfina
异丁酸吗啡　Isobutirato de morfina	乳酸吗啡　Lactato de morfina
袂康酸吗啡　Meconato de morfina	甲基磺酸吗啡　Metilsufonato de morfina
半乳糖二酸吗啡　Mucato de morfina	硝酸吗啡　Nitrato de morfina
硫酸吗啡　Sulfato de morfina	酒石酸吗啡　Tartarato de morfina
戊酸吗啡　Valerianato de morfina	可待因, 甲基吗啡　Metilmorfina, codeína
乙基吗啡, 狄奥宁　Etilmorfina, Dionin	磷酸可待因　Fosfato de codeína
阿片酊　Tintura de ópio	盐酸哌替啶, 度冷丁
盐酸奈福泮, 平痛新　Cloridrato de nefopam	Cloridrato de petidina, Dolantina
盐酸喷他佐辛, 镇痛新	盐酸阿法罗定, 安那度
Cloridrato de pentazocina	Cloridrato de alfaprodina
曲马朵, 曲马多　Tramadol	二氢埃托啡　Diidroetorfina
纳洛酮　Naloxona	烯丙吗啡　Nalorfina
芬太尼　Citrato de fentanila, Fentanil	纳曲酮　Naltrexona
罗通定, 颅痛定　Tetrahidropalmatina, Rotundine	美沙酮　Metadona

盐酸丙帕他莫　Cloridrato de propacetamol
布洛芬　Ibuprofeno

匹米诺定, 去痛定　Cloridrato de piminodina
阿司匹林　Aspirina

解热镇痛药

安乃近　Metamizol sódico, Dipirona sódica
复方阿司匹林

　　Comprimido de APC, a mistura aspirina-cafeína-
　　fenacetina
氟芬那酸　Ácido flufenâmico
布洛芬　Ibuprofeno
非诺洛芬　Fenoprofeno
氟苯布洛芬　Flurbiprofeno
非那西丁　Fenacetina
乙酰苯胺　Acetanilida
美洛昔康　Meloxicam
尼美舒利　Nimesulida
双氯芬酸钠　Diclofenaco sódico
双氯芬酸钾　Diclofenaco potássico

阿司匹林　Aspirina
氯芬那酸, 氯灭酸　Ácido clofenâmico
吲哚美辛, 消炎痛　Indometacina
布洛芬钠　Ibuprofeno sódico
酮洛芬　Cetoprofeno
对乙酰氨基酚, 醋氨酚, 扑热息痛
　　Paracetamol, acetaminofeno
索米痛, 索密痛　Somedon
　　（氨基比林、非那西丁、咖啡因与苯巴比妥4种
　　主要成分: Aminopirina, fenacetina, cafeína e
　　fenobarbital）
萘普生　Naproxeno
塞来昔布　Celecoxibe
保泰松, 布他酮　Fenilbutazona, Butacifona

祛痰止咳、平喘药

异丙托溴铵　Brometo de ipratrópio
异丙肾上腺　Isoproterenol, Isoprenalina
氨茶碱　Aminofilina
茶碱　Teofilina
右美沙芬　Dextrometorfano
糜蛋白酶, 胰凝乳蛋白酶　Quimotripsina
羧甲司坦, 羧甲半胱氨酸　Carbocisteína
孟鲁司特钠　Montelucaste de sódio
棕色合剂, 复方甘草合剂
　　Extrato de alcaçuz （Glycyrrhiza glabra）
沙丁胺醇, 舒喘灵　Salbutamol, Albuterol
福尔可定, 吗啉吗啡, 福可定　Folcodina
麻黄碱　Efedrina
硫酸沙丁胺醇　Sulfato de salbutamol
盐酸氨溴索　Cloridrato de ambroxol
布地奈得　Budesonida, Budesonido
氟尼缩松　Flunisolida
硫酸马钱子碱, 硫酸布鲁生
　　Sulfato de brucina
氯化铵　Cloreto de amónio

倍氯米松　Beclometasona
异丙肾上腺素气雾剂
　　Aerossol de isoproterenol, Isoprenalina
二羟丙茶碱　Diprofilina
多索茶碱　Doxofilina
盐酸甲氧那明　Cloridrato de metoxifenamina
可待因　Codeína
枸橼酸喷托维林, 咳必清　Citrato de pentoxiverina
氯哌斯汀, 盐酸氯哌丁, 咳平
　　Cloridrato de cloperastina
祛痰糖浆　Xarope expectorante
乙酰半胱氨酸　Acetilcisteína
丙酸倍氯米松, 必可酮气雾剂
　　Dipropionato de beclometasona, Aerossol nasal
丙酸氟替卡松　Propionato de fluticasona
布鲁生, 马钱子碱　Brucina
高车前苷　Homoplantaginina
磷酸苯丙哌林, 咳福乐
　　Fosfato de benproperina
碘化钾　Iodeto de potássio

盐酸那可丁, 诺司咳平, 乐咳平　Cloridrato de noscapina

愈创甘油醚, 愈创木酚甘油醚　Guaifenesina

溴己新, 必嗽平　Bromexina

布他米酯, 丁胺氧酯, 咳息定　Butamirato

溴环己酰胺　Brovanexina

索布瑞醇　Sobrerol

氨溴索　Ambroxol

特布他林, 间羟叔丁肾上腺素　Terbutalina

酚间羟异丙肾上腺素, 非诺特罗　Fenoterol

盐酸克伦特罗　Cloridrato de clembuterol

妥洛特罗　Tulobuterol

沙美特罗　Salmeterol

富马酸福莫特罗　Fumarato de formoterol

盐酸丙卡特罗　Cloridrato de procaterol

脱氧核糖核酸酶, 去氧核糖核酸酶　Desoxirribonuclease

富马酸酮替芬　Fumarato de cetotifeno

抗疟疾药

青蒿素　Artemisinina

蒿甲醚　Artemeter

青蒿琥酯钠　Artesunato de sódio

青蒿酮　Artemisona

甲氟喹　Mefloquina

盐酸甲氟喹　Cloridrato de mefloquina

磷酸氯喹, 氯喹啉二磷酸盐　Difosfato de cloroquina

硫酸氯喹　Sulfato de cloroquina

硫酸奎宁　Sulfato de quinina

磷酸伯氨喹　Difosfato de primaquina

二茂铁喹　Ferroquina

二盐酸奎宁　Dicloridrato de quinina

奎宁　Quinina

氯喹　Cloroquina

盐酸氯氟菲烷　Cloridrato de halofantrina

奎尼丁　Quinidina

乙胺嘧啶, 息疟定　Pirimetamina, Daraprim

羟氯喹　Hidroxicloroquina

氯胍, 百乐君　Cloroguanido, Proguanil

阿莫地喹　Amodiaquina

哌喹　Piperaquina

马拉龙, 阿托喹酮/盐酸氯胍　Malarone, Atovaquona / Cloridrato de proguanil

多西环素, 强力霉素　Doxiciclina

盐酸强力霉素　Cloridrato de doxiciclina

盐酸克林霉素　Cloridrato de clindamicina

抗寄生虫药

吡喹酮　Praziquantel

阿苯达唑, 肠虫清　Albendazol

甲苯达唑, 甲苯咪唑　Mebendazol

氟苯咪唑, 氟苯哒唑　Flubendazol

氯硝柳胺　Niclosamida, Atenase

噻苯达唑, 噻苯咪唑, 噻苯唑　Tiabendazol

盐酸左旋咪唑　Cloridrato de levamisol

磷酸左旋咪唑　Fosfato de levamisol

灭滴灵, 甲硝唑　Metronidazol, Flagyl

替硝唑　Tinidazol

奥硝唑　Ornidazol

塞克硝唑　Secnidazol

卡巴胂　Carbarsona

盐酸依米丁　Cloridrato de emetina

依米丁, 吐根碱　Emetina

去氢依米丁　Dehidroemetina

乙胺嗪　Dietilcarbamazina

枸橼酸乙胺嗪　Citrato de dietilcarbamazina

葡萄糖酸锑钠　Estibogluconato de sódio

二氯尼特　Diloxanida

糠酸二氯尼特　Furoato de diloxanida

枸橼酸哌嗪, 驱蛔灵　Citrato de piperazina

双羟萘酸噻嘧啶, 抗虫灵

    Pamoato de pirantel, Embonato de pirantel

磷酸哌嗪　Fosfato de piperazina

阿托喹酮　Atovaquona

槟榔　Noz de bétele, Noz de areca

抗真菌药和抗病毒药

两性霉素B　Anfotericina B

酮康唑　Cetoconazol

伊曲康唑　Itraconazol

灰黄霉素　Griseofulvina

硝酸芬替康唑　Nitrato de fenticonazol

金刚烷胺, 金刚胺　Amantidina, Amantadina

克霉唑, 克霉乐, 抗癣乳膏　Clotrimazol

氟康唑　Fluconazol

制霉菌素　Nistatina

特比萘芬　Terbinafina

盐酸金刚烷胺　Cloridrato de amantadina

抗贫血药

亚叶酸钙, 甲叶钙, 甲酰四氢叶酸钙

    Folinato de cálcio, Leucovorina cálcica,

    Folinato cálcico

氯化钴, 氯化亚钴　Cloreto de cobalto (II)

维生素B_{12}, 氰钴胺　Cianocobalamina

羟钴胺　Hidroxicobalamina

腺苷钴胺　Adenosilcobalamina

硫酸亚铁, 硫酸低铁

    Sulfato ferroso, Sulfato de ferro (II)

琥珀酸亚铁　Succinato ferroso

乳酸亚铁　Lactato ferroso

亚叶酸　Ácido folínico, Leucovorina

肝精　Extracto hepático

重组人红细胞生成素

    Epoetina alfa (beta), Eritropoietina

    Humana recombinada

甲氨蝶呤, 氨甲蝶呤　Metotrexato

烟酸, 维生素PP

    Vitamina PP, Niacina, Ácido nicotínico

维生素B_{12}, 钴胺素　Vitamina B_{12}, Cobalamina

甲钴胺　Metilcobalamina

5-脱氧腺苷钴胺素　5-deoxiadenosilcobalamina

枸橼酸铁铵, 柠檬酸铁铵　Citrato férrico de amónio

富马酸亚铁　Fumarato ferroso

葡萄糖酸亚铁　Gluconato ferroso

叶酸　Ácido fólico, Folacina, Vitamina B_9

右旋糖酐铁　Ferro dextrano

红细胞生成素　Eritropoietina

三价铁　Ferro férrico, Fe III

甘氨酸　Glicina

甘油磷酸钠　Glicerofosfato de sódio

血卟啉　Hematoporfirina

癸酸诺龙　Decanoato de nandrolona

抗过敏药

葡萄糖酸钙　Gluconato de cálcio

马来酸美吡拉敏, 甲氧苄二胺

    Maleato de mepiramina

盐酸苯海拉明, 苯那君

    Cloridrato de difenidramina

茶苯海明, 乘晕宁　Dimenidrinato

马来酸卡比沙明　Maleato de carbinoxamina

阿伐斯汀　Acrivastina

非尼拉敏, 苯吡胺　Feniramina

氯苯那敏, 马来酸氯苯吡胺, 扑尔敏

    Maleato de clorfeniramina

盐酸异丙嗪, 非那根

    Cloridrato de prometazina, Fenergan

马来酸溴苯那敏　Maleato de bronfeniramina

阿司咪唑　Astemizol

酮替芬　Cetotifeno

富马酸氯马斯汀　Fumarato de clemastina

美克洛嗪, 盐酸氯苯苄嗪, 盐酸氯苯甲嗪, 敏可静
　　Cloridrato de meclizina

去氯羟嗪　Decloxizina

特非那定　Terfenadina

氯雷他定　Loratadina

阿扎他定, 哌吡庚啶　Azatadina

伪麻黄碱　Pseudoefedrina

咪唑斯汀　Mizolastina

氯苯沙明, 氯苯氧胺　Clorfenoxamina

桂利嗪　Cinarizina

马来酸二甲茚定　Maleato de dimetindeno

美喹他嗪, 甲喹吩嗪　Mequitazina

曲吡那敏, 苄吡二胺　Tripelenamina

苯丙醇胺, 去甲麻黄碱　Fenilpropanolamina

左卡巴司汀　Levocabastina

盐酸肾上腺素　Cloridrato de adrenalina

苯茚胺, 抗敏胺　Fenindamina

布克利嗪, 盐酸氯苯丁醇, 安其敏
　　Cloridrato de buclizina

盐酸赛庚啶　Cloridrato de cipro-heptadina

盐酸氮卓斯汀　Cloridrato de azelastina

盐酸西替利嗪　Cloridrafo de cetirizina

马来酸阿扎他定　Maleato de azatadina

地氯雷他定　Desloratadina

曲尼司特　Tranilaste

马来酸右氯苯那敏　Maleato de dexclorfeniramina

赛克力嗪, 盐酸苯甲嗪　Ciclizina

羟嗪, 安泰乐　Hidroxizina

奥沙米特, 苯咪唑嗪　Oxatomida

盐酸曲普利啶, 盐酸曲普立定, 盐酸苯丙烯啶
　　Cloridrato de triprolidina

依巴斯汀　Ebastina

酒石酸肾上腺素　Tartarato de adrenalina

维生素和矿物质

维生素A　Vitamina A

脱氢视黄醇　Vitamina A_2

维生素B_2, 核黄素　Vitamina B_2, Riboflavina

维生素B_5, 泛酸　Vitamina B_5, Pantotenato

维生素B_7, 生物素　Vitamin B_7, Biotina

维生素B_{12}, 钴胺素
　　Vitamin B_{12}, Cobalamina, Cianocobalamina

胆碱, 维生素B_4　Colina, Vitamina B_4

维生素C, 抗坏血酸　Vitamina C, Ácido ascórbico

维生素D_2, 麦角钙化醇
　　Vitamina D_2, Ergocalciferol

维生素E, 生育酚　Vitamina E, Tocoferol

维生素K　Vitamina K

芦丁, 维生素P　Rutina, Vitamina P

钾（K）　Potássio

镁（Mg）　Magnésio

锌（Zn）　Zinco

碘（I）　Iodo

钴（Co）　Cobalto

维生素A_1, 视黄醇　Vitamina A_1, Retinol

维生素B_1 硫胺素　Vitamina B_1, Tiamina

维生素B_3 烟酸　Vitamina B_3, Niacina

维生素B_6, 吡哆醇　Vitamin B_6, Piridoxina

维生素B_9, 叶酸　Vitamin B_9, Ácido fólico

复合维生素B　Complexo B

肌醇　Inositol

维生素D　Vitamina D

维生素D_3, 胆钙化醇
　　Vitamin D_3, Colecalciferol

维生素H　Vitamina H

生物素　Biotina, Vitamina H, Vitamina B_7,
　　Vitamina B_8

钠（Na）　Sódio

钙（Ca）　Cálcio

磷（P）　Fósforo

铁（Fe）　Ferro

铜（Cu）　Cobre

锰（Mn）　Manganês, Manganésio

非营养非毒性元素

铝（Al）　Alumínio

镍（Ni）　Níquel

铬（Cr）　Crómio

硼（B）　Boro

锡（Sn）　Estanho

有害微量元素

铅（Pb）　Chumbo

汞（Hg）　Mercúrio

锶（Sr）　Estrôncio

砷（As）　Arsénio

镉（Cd）　Cádmio

肾上腺皮质激素类药物

皮质醇　Cortisol

肾上腺皮质激素, 可的松

　Cortisona, Corticosteróides

醋酸泼尼松, 强的松

　Acetato de prednisona

泼尼松龙, 氢化泼尼松, 强的松龙,

　去氢氢化可的松　Prednisolona

地塞米松, 氟甲去氢氢化可的松

　Dexametasona

倍他米松, β-米松, 贝皮质醇

　Betametasona

倍氯米松, 氯地米松　Beclometasona

二丙酸倍氯米松　Dipropionato de beclometasona

丙酸氯倍他索

　Propionato de clobetasol

哈西奈德, 氯氟轻松　Halcinonida

氟米龙, 氟甲松龙　Fluorometolona

氯泼尼醇　Cloprednol

肾上腺素　Adrenalina

促肾上腺皮质激素

　Corticotrofina, Hormona adrenocorticotrófica

氢化可的松　Hidrocortisona, Cortisol

泼尼松, 强的松, 去氢可的松　Prednisona

醋酸可的松, 醋酸副肾皮质素, 可的松醋酸酯

　Acetato de cortisona（cortisol）

甲基强的松龙, 甲基去氢氢化可的松

　Metilprednisolona

醋酸去氧皮质酮

　Acetato de deoxicorticosterona

曲安西龙, 氟羟强的松龙, 氟羟氢化泼尼松,

　去炎松　Triamcinolona

曲安奈德, 去炎松-A　Acetonido de triancinolona

丙酸氟替卡松　Propionato de fluticasona

丁氯倍他松, 丁氯倍氟松

　Butirato de clobetasona

醋酸氟轻松, 肤轻松

　Acetonido de fluocinolona

地夫可特　Deflazacorte

阿氯米松双丙酸酯　Dipropionato de alclometasona

醛固酮　Aldosterona

抗肿瘤药物

顺铂　Cisplatina, cis-diaminodicloroplatina（II）

奥沙利铂　Oxaliplatina

赛特铂　Satraplatina

酒石酸长春瑞滨　Tartarato de vinorelbina

长春新碱　Vincristina

硫酸长春地辛　Sulfato de vindesina

卡铂　Carboplatina

奈达铂　Nedaplatina

长春瑞滨　Vinorelbina

长春碱, 长春花碱　Vimblastina

长春地辛, 长春花碱酰胺　Vindesina

紫杉醇　Paclitaxel

多西紫衫醇, 多烯紫衫醇, 多西他赛　Docetaxel

盐酸吉西他滨　Cloridrato de gemcitabina

盐酸拓扑替康　Cloridrato de topotecano

盐酸厄洛替尼, 它塞瓦

　　Cloridrato de erlotinibe, Tarceva

依托泊苷, 足叶乙苷　Etoposida, etoposido

依利替康, 伊立替康, 抗癌妥　Irinotecano

环磷酰胺　Ciclofosfamida

多柔比星, 阿霉素, 羟柔红霉素, 羟正定霉素

　　Doxorrubicina, hidroxildaunorrubicina, adriamicina

吡柔比星, 吡喃阿霉素　Pirarrubicina

氟尿嘧啶, 5-氟尿嘧啶　Fluorouracila

曲妥珠单抗, 赫赛汀　Trastuzumabe

他莫西芬, 三苯氧胺, 他莫昔芬　Tamoxifeno

阿那曲唑　Anastrozole

依西美坦　Exemestano, Aromasin

氯膦酸盐　Clodronato

帕米膦酸二钠　Pamidronato dissódico

唑来膦酸盐　Zoledronato

放线菌素D　Dactinomicina, Actinomicina D

氟他胺, 氟硝丁酰胺　Flutamida

5-HT$_3$受体拮抗剂　Antagonistas 5-HT$_3$

阿瑞吡坦　Aprepitanto

卡莫司汀　Carmustina

苯丁酸氮芥　Clorambucila

尼莫司汀　Nimustina

达卡巴嗪, 氮烯咪胺　Dacarbazina

环孢素, 环孢灵　Ciclosporina

盐酸阿糖胞苷　Cloridrato de citarabina

丝裂霉素　Mitomicina

平阳霉素　Bleomicina a 5

干扰素　Interferon, Interferona, Interferão

胸腺素　Timosina

10-羟基喜树碱　10-hidroxicamptotecina

醋酸甲羟孕酮　Acetato de medroxiprogesterona

高三尖杉酯碱　Homoharringtonina

肿瘤坏死因子, 纳科思

　　Factor de necrose tumoral, TNF

吉西他滨　Gemcitabina

希罗达, 卡培他滨　Capecitabina

培美曲唑　Pemetrexedo

吉非替尼　Gefitinibe, Iressa

磷酸依托泊苷　Fosfato de etoposido, Etoposida

盐酸伊立替康　Cloridrato de irinotecano

异环磷酰胺

　　Ifosfamida, Isofosfamida, Holoxane

表柔比星, 表阿霉素　Epirrubicina

甲氨蝶呤　Metotrexato

去氧氟尿苷　Doxifluridina

单克隆抗体　Anticorpo monoclonal

枸橼酸他莫昔芬　Citrato de tamoxifeno

来曲唑　Letrozole

戈舍瑞林　Gosserrelina

氯屈膦酸二钠　Clodronato dissódico

唑来膦酸　Ácido zoledrónico

伊班膦酸钠　Ibandronato de sódio

粒细胞集落刺激因子

　　Granulokine, factor de crescimento

　　granulocitário（G-CSF）

美法仑　Melfalano

盐酸昂丹司琼, 盐酸恩丹西酮

　　Cloridrato de ondansetrona, Ansentron

甲氧氯普胺　Metoclopramida

塞替哌, 三胺硫磷　Tiotepa

硫唑嘌呤　Azatioprina

阿糖胞苷　Citarabina

替尼泊苷　Tenipósido

盐酸柔红霉素　Cloridrato de daunorrubicina

氢化可的松, 氢可的松　Cortisol

左旋咪唑　Levamisol

巯嘌呤　Mercaptopurina

门冬酰胺酶　Asparaginase

替加氟　Tegafur

亚叶酸钙　Folinato de cálcio, Leucovorina

盐酸米托蒽醌　Cloridrato de mitoxantrona

2-巯乙磺酸钠, 美司钠

　　2-mercaptoetanosulfonato sódico, Mesna

内分泌及代谢性疾病的药物

胰岛素　Insulina

精蛋白生物合成人胰岛素

　　Insulina isófana biossintética humana, Novolin

精蛋白锌胰岛素　Insulina protaminozíncica, PZI

门冬胰岛素　Insulina aspártica

地特胰岛素　Insulina detemir, Levemir

甲苯磺丁脲,甲糖宁　Tolbutamida

格列吡嗪　Glipizida

格列美脲　Glimepirida

盐酸二甲双胍　Cloridrato de metformina

罗格列酮　Rosiglitazona

盐酸吡格列酮　Cloridrato de pioglitazona

苯乙双胍, 降糖灵　Fenformina

甲巯咪唑　Metimazol

左甲状腺素钠　Levotiroxina sódica

阿尔法骨化醇　Alfacalcidol

骨化三醇　Calcitriol

降钙素　Calcitonina, Tirocalcitonina

伊班膦酸钠　Ibandronato de sódio

尿促性素　Menotropina

绒促性素　Gonadotropina coriônica

醋酸去氨加压素　Acetato de desmopressina

丙酸睾酮, 丙酸睾丸素

　　Propionato de testosterona

结合雌激素　Estrogénio conjugado, Premarin

枸橼酸氯米芬, 克罗米芬　Citrato de clomifeno

7-甲异炔诺酮, 替勃龙　Tibolona

左炔诺孕酮炔雌醇

　　Combinação de levonorgestrel e etinilestradiol

醋酸甲羟孕酮, 安宫黄体酮

　　Acetato de medroxiprogesterona（MAP）

醋酸甲地孕酮　Acetato de megestrol

己烯雌酚, 乙烯雌酚　Dietilestilbestrol

甘精胰岛素　Insulina glargina, Lantus

中性精蛋白锌胰岛素　Insulina isofánica, NPH

重组赖脯胰岛素　Insulina lispro, Humalog

谷赖胰岛素, 格鲁辛胰岛素　Insulina glulisina

格列本脲, 优降糖　Glibenclamida

胰高血糖素　Glucagon

格列喹酮　Gliquidona

格列齐特　Gliclazida

阿卡波糖　Acarbose

马来酸罗格列酮　Maleato de rosiglitazona

瑞格列奈　Repaglinida

丙硫氧嘧啶　Propiltiouracil

甲状腺素　Tiroxina, Tetra-iodotironina

卢戈尔液　Solução de Lugol

阿仑膦酸钠　Alendronato sódico

羟乙膦酸钠　Etidronato dissódico

鲑鱼降钙素喷鼻剂

　　Calcitonina de salmão em spray nasal

依降钙素　Elcatonina

尿促卵泡素　Urofolitropina

重组人促卵泡激素

　　Folitropina Alfa, Humana recombinada

重组人生长激素　Somatropina recombinada

醋酸甲羟孕酮　Acetato de medroxiprogesterona

戊酸雌二醇　Valerato de estradiol

炔雌醇环丙孕酮

　　Combinação de ciproterona e etinilestradiol

孕三烯酮　Gestrinona

苯甲酸雌二醇　Benzoato de estradiol

黄体酮　Progesterona

甲睾酮, 甲基睾丸素　Metiltestosterona

睾酮, 睾丸酮　Testosterona

生物制品

抑肽酶　Aprotinina

透明质酸酶　Hialuronidase

胰酶　Pancreatina

尿激酶　Uroquinase

细胞色素C　Citocromo C

溶菌酶　Lisozima

链激酶, 溶栓酶　Estreptoquinase

疫苗　Vacina

卡介苗　Vacina BCG, Vacina contra a tuberculose

黄热病减毒活疫苗　Vacina de vírus vivos atenuados de febre amarela, vacina contra a febre amarela（17 DD）

乙肝疫苗　Vacina contra hepatite B, vacina anti-vírus da hepatite B

甲肝疫苗　Vacina contra hepatite A, vacina anti-vírus da hepatite A

狂犬病疫苗　Vacina contra a raiva

麻疹减毒活疫苗　Vacina de vírus vivos contra sarampo

破伤风疫苗　Vacina antitetânica, toxóide tetânico（TT）

伤寒疫苗　Vacina contra febre tifóide

流感疫苗　Vacina contra influenza,　vacina anti-vírus da gripe

流感嗜血杆菌疫苗　Vacina anti-Haemophilus influenzae B

水痘疫苗　Vacina anti-varicela

成人白喉、破伤风二联　Vacina antidiftérica e antitetânica adsorvida uso adulto（DT）

1，2，3型口服脊髓灰质炎疫苗　Vacina oral contra poliomielite tipos 1, 2 e 3

白喉、破伤风、百日咳三合一疫苗

　　（DTP）Vacina tríplice bacteriana contra difteria, tétano e coqueluche（DTP）

麻疹、腮腺炎和风疹三合一疫苗　Vacina tríplice viral contra sarampo, rubéola e parotidite

脑膜炎疫苗（A+C）　Vacina contra meningococo A/C

脑膜炎疫苗（B +C）　Vacina contra meningococo B/C

C群脑膜炎奈瑟菌结合疫苗　Vacina conjugada contra meningococo C

百日咳、白喉、破伤风及b型嗜血杆菌四合一疫苗

　　Vacina tetravalente（DTP+HIB）, vacina contra difteria, tétano, coqueluche e meningite causada por Haemophilus

血液制品　Derivados de sangue

人免疫球蛋白　Imunoglobulina humana, imunoglobulina humana polivalente

抗D免疫球蛋白　Imunoglobulina anti-D （RH）

抗破伤风免疫球蛋白　Imunoglobulina antitetânica

人破伤风免疫球蛋白　Imunoglobulina humana antitetânica

人血白蛋白　Albumina humana

人乙型肝炎免疫球蛋白　Imunoglobulina humana anti-hepatite B

抗狂犬病免疫球蛋白　Imunoglobulina anti-rábica

人百日咳免疫球蛋白　Imunoglobulina humana anti-coqueluche

特异性高免血清，抗毒素　Soro heterólogo hiperimune, antitoxina

抗蛇毒血清　Soros antipeçonhentos para picada de cobra

抗细菌、抗病毒抗毒素　Antitoxinas de bactérias e vírus

破伤风抗毒素　Antitoxina antitetânica

全血　Sangue total

浓缩红细胞　Concentrado de hemácias

洗涤浓缩红细胞　Concentrado de hemácias lavadas

常规浓缩血小板　Concentrado de plaquetas randómicas （convencional）

单采浓缩血小板　Concentrado de plaquetas por aférese

新鲜冷冻血浆　Plasma fresco congelado

白蛋白　Albumina

血清免疫球蛋白　Imunoglobulina sérica, anticorpos IgG

抗血友病球蛋白，第八因子　Factor Ⅷ da coagulação, globulina anti-hemofílica

冷沉淀　Crioprecipitado, Concentração precipitada a frio do factor Ⅷ

调节水、电解质和酸碱平衡溶液

注射用水　Água para injecção

0.9%氯化钠注射液　Solução injectável de cloreto de sódio 0.9%, solução a 0.9%（solução salina normal）（solução salina isotónica）

生理盐水　Soro fisiológico

浓氯化钠注射液　Solução injectável concentrada de cloreto de sódio

5%葡萄糖盐水　Solução de glucose a 5% em soro fisiológico, dextrose 5% em soro fisiológico

5%葡萄糖溶液　Soro glicosado, solução de glicose 5%

10%氯化钾注射液　Solução injectável de cloreto de potássio a 10%

林格溶液，复方氯化钠溶液　Solução de Ringer

5%碳酸氢钠溶液　Solução de bicarbonato de sódio 5%

乳酸钠溶液　Solução de lactato de sódio

眼、耳、鼻、喉用药

眼药水　Colírio

阿米卡星滴眼液　Colírio de amicacina

滴眼用利福平　Colírio de rifampicina

硫酸新霉素滴眼液　Colírio de sulfato de neomicina

氯霉素滴眼液　Colírio de cloranfenicol

硫酸庆大霉素氟米龙滴眼液　Colírio de sulfato de gentamicina + fluorometolona

妥布霉素滴眼液　Tobramicina, colírio

妥布霉素地塞米松滴眼液　Tobramicina + dexametasona, Colírio

妥布霉素地塞米松眼膏　Tobramicina + dexametasona, pomada oftálmica

盐酸金霉素眼膏　Cloridrato de clortetraciclina, pomada para uso tópico oftálmico

盐酸左氧氟沙星滴眼液　Cloridrato de levofloxacina, Colírio

更昔洛韦滴眼液　Colírio de ganciclovir

阿昔洛韦滴眼液　Aciclovir, colírio

氧氟沙星眼膏　Ofloxacina, pomada oftálmica

氧氟沙星滴眼液　Colírio de ofloxacina

布林佐胺滴眼液　Colírio de brinzolamida

酒石酸溴莫尼定滴眼液　Tartarato de brimonidina, Solução oftálmica

马来酸噻吗洛尔滴眼液　Maleato de timolol, Solução oftálmica

硝酸毛果芸香碱滴眼液　Nitrato de pilocarpina, Colírio

盐酸倍他洛尔滴眼液　Colírio de cloridrato de betaxolol

盐酸卡替洛尔滴眼液　Colírio de cloridrato de carteolol

盐酸左布诺洛尔滴眼液　Colírio de cloridrato de levobunolol

醋酸可的松滴眼液　Acetato de cortisona, colírio

醋酸泼尼松龙滴眼液　Colírio de acetato de prednisolona

氟米龙滴眼液　Colírio de fluorometolona

富马酸依美斯汀滴眼液　Difumarato de emedastina, Solução oftálmica estéril

洛度沙胺滴眼液　Colírio de lodoxamida

马来酸非尼拉敏/盐酸奈甲唑啉滴眼液　Maleato de feniramina/cloridrato de nafazolina, Colírio

萘敏维滴眼液　Cloridrato de nafazolina, Maleato de clorfenamina e vitamina B12, Colírio

普拉洛芬滴眼液　Colírio de pranoprofeno

酮咯酸氨丁三醇滴眼液　Colírio de cetorolaco de trometamina

玻璃酸钠注射液　Hialuronato de sódio, Solução injectável

注射用玻璃酸酶　Hialuronidase, Injectável

吡诺克辛钠滴眼液　Pirenoxina de sódica, colírio

硫酸阿托品眼膏　Sulfato de atropina, pomada oftálmica

硫酸锌尿囊素滴眼液　Sulfato de zinco + alantoína, colírio

羧甲基纤维素钠滴眼液　Carboximetilcelulose sódica, lágrima artificial

托吡卡胺滴眼液　Colírio de tropicamida

维生素A棕榈酸酯眼用凝胶　Palmitato de vitamina A, gel oftálmico

盐酸奥布卡因滴眼液　Cloridrato de oxibuprocaína, colírio

重组牛碱性成纤维细胞生长因子滴眼液

　FGF básico, recombinado e de origem bovina, em solução oftálmica

后马托品　Homatropina, solução oftálmica

磺胺醋酰钠滴眼药　Colírio de sulfacetamida sódica

双氯非那胺　Diclofenamida

鼻通药　Descongestionante nasal

丙酸倍氯米松鼻气雾剂　Dipropionato de beclometasona, aerossol nasal

丙酸氟替卡松鼻喷雾剂　Propionato de fluticasona, aerossol nasal

布地奈德鼻喷雾剂　Aerossol nasal de budesonida

呋麻滴鼻液　Nitrofural+ efedrina, gotas nasais

曲安奈德鼻喷雾剂　Acetonida de triancinolona, aerosol nasal

盐酸羟甲唑啉滴鼻液　Cloridrato de oximetazolina, gotas nasais

盐酸左卡巴斯汀鼻喷雾剂　Cloridrato de levocabastina, aerossol nasal

麻黄碱滴鼻液　Gotas nasais de efedrina

盐酸赛洛唑啉　Cloridrato de xilometazolina

氧氟沙星滴耳剂　Ofloxacino, gotas óticas

氯霉素甘油滴耳液　Glicerina + cloranfenicol, gotas óticas

呋喃西林溶液　Solução de nitrofurazona, furacilina

硼砂　Bórax

4%硼酸酒精　Ácido bórico 4% em álcool

过氧化氢溶液　Solução de peróxido de hidrogénio

外用药及皮肤科用药

酒精　Álcool etílico

氨溶液　Solução de amónia

苯扎溴铵, 新洁尔灭　Solução de brometo de benzalcônio

苯扎氯铵贴　Cloreto de benzalcônio, curativo adesivo

氯己定, 洗必泰　Clorexidina

醋酸氯己定　Acetato de clorexidina

葡萄糖酸氯己定　Gluconato de clorexidina

盐酸洗必泰, 盐酸氯己定　Cloridrato de clorexidina

苯酚, 石炭酸　Fenol

高锰酸钾　Permanganato de potássio

硝酸银　Nitrato de prata

松节油　Terebintina

过氧化氢, 双氧水　Peróxido de hidrogénio, água oxigenada

红汞, 红药水　Merbromina, mercurocromo

紫药水　Violeta de genciana, solução（cloreto de pararosanilina）

碘酊, 碘酒　Tintura de iodo

10%聚维酮碘溶液　Solução de Iodopovidona（PVPI）10%

六氯酚　Hexaclorofeno

夫西地酸乳膏　Ácido fusídico, creme

5%咪喹莫特乳膏　Imiquimode a 5%, creme

莫匹罗星软膏　Mupirocina, pomada

曲安奈德益康唑乳膏　Acetonida de triancinolona e nitrato de econazol, creme

硝酸咪康唑乳膏　Nitrato de miconazol, creme

盐酸特比萘芬乳膏　Cloridrato de terbinafina, creme

丁酸氢化可的松软膏　Butirato de hidrocortisona, pomada

地塞米松乳膏　Creme de acetato de dexametasona

糠酸莫米松乳膏　Furoato de mometasona, creme

卤米松乳膏　Halometasona, creme

布洛芬乳膏　Creme ibuprofeno

辣椒碱软膏　Pomada de capsaicina

双氯芬酸二乙胺乳胶剂　Diclofenaco dietilamônio, gel creme

钙泊三醇倍他米松软膏　Pomada de calcipotriol / betametasona

卡泊三醇（钙泊三醇）软膏　Pomada de calcipotriol

维A酸, 维甲酸片　Tretinoína, comprimidos

硼酸（粉）　Ácido bórico em pó

麻醉科用药

多巴胺　Dopamina

间羟胺　Metaraminol

氟烷　Halotano

七氟烷　Sevoflurano

氟哌利多　Droperidol

乙醚　Etoxietano, éter etílico, éter

恩氟烷　Enflurano

异氟烷, 异氟醚　Isoflurano

硫喷妥钠, 戊硫代巴比妥　Tiopental, tiopentato de sódio

异丙酚 (丙泊酚) 注射液　Propofol, solução injectável

咪达唑仑注射液　Ampola de cloridrato de midazolam, Ampola de maleato de midazolam

盐酸氯胺酮注射液　Cloridrato de cetamina, solução injectável

依托咪酯注射液　Etomidato, Solução injectável

甲磺酸罗哌卡因注射液　Mesilato de ropivacaína, solução injectável

盐酸布比卡因注射液　Cloridrato de bupivacaína, ampola

盐酸利多卡因注射液　Cloridrato de lidocaína, solução injectável

盐酸普鲁卡因注射液　Cloridrato de procaína, solução injectável

苯磺酸阿曲库铵 (卡肌宁) 注射液　Besilato de atracúrio, solução injectável

氯化琥珀胆碱注射液, 司可林　Cloreto de suxametónio, solução injectável

罗库溴铵注射液　Brometo de rocurónio, solução injectável

注射用哌库溴铵　Brometo de pipecurónio, pó liófilo injectável, acompanhado de solução diluente

注射用维库溴铵　Brometo de vecurónio, pó para solução injectável

盐酸麻黄碱注射液　Cloridrato de efedrina, solução injectável

一氧化二氮, 笑气　Óxido nitroso

抗感染药

抗细菌感染　Contra infecção bacteriana

氯霉素　Cloranfenicol

甲氧苄啶　Trimetoprima, TMP

红霉素　Eritromicina

四环素　Tetraciclina

庆大霉素　Gentamicina

小诺米星, 小诺霉素　Micronomicina

大观霉素　Espectinomicina

西索米星　Sisomicina

异帕米星　Isepamicina

地贝卡星　Dibecacina

卡那霉素　Canamicina

艾他培南　Ertapeném

抗真菌感染　Contra infecção fungal

磺胺甲噁唑/新诺明　Sulfametoxazol, SMZ

复方SMZ　Co-trimoxazol, SMZ-TMP

链霉素　Estreptomicina

甲硝唑　Metronidazol

妥布霉素　Tobramicina

核糖霉素　Ribostamicina

阿米卡星　Amicacina

奈替米星　Netilmicina

阿司米星　Astromicina

磷霉素　Fosfomicina

美罗培南, 美洛培南　Meropeném

青霉素类　Penicilinas

苄星青霉素　Penicilina benzatínica

普鲁卡因青霉素　Penicilina procaínica

青霉素G Penicilina G
（penicilina G benzatínica e penicilina G procaínica）

阿莫西林　Amoxicilina

阿洛西林　Azlocilina

替卡西林　Ticarcilina

呋布西林, 呋苄西林, 呋苄青霉素　Furbenicilina

羧苄西林, 羧苄青霉素　Carbenicilina

匹氨西林　Pivampicilina

甲氧西林, 新青霉素 I　Meticilina

奈夫西林, 新青霉素 III　Nafcilina

仑氨苄西林　Lenampicilina

氯唑西林钠　Cloxacilina sódica

青霉素V钾　Penicilina V potássica

卡茚西林钠　Carindacilina sódica

氨苄西林, 安比西林, 氨苄青霉素
Ampicilina

巴氨西林, 氨卡西林　Bacampicilina

美洛西林　Mezlocilina

酞氨西林　Talampicilina

氟氯西林, 氟沙星　Flucloxacilina

阿扑西林, 天冬羟氨青霉素　Aspoxicilina

双氯西林, 双氯青　Dicloxacilina

苯唑西林钠, 新青霉素 II　Oxacilina sódica

匹美西林　Pivmecilinam

哌拉西林钠, 氧哌嗪青霉素　Piperacilina sódica

磺苄西林钠　Sulbenicilina dissódica

海他西林钾　Hetacilina potássica

替莫西林二钠　Temocilina dissódica

头孢菌素类 Cefalosporinas

第一代　de primeira geração

头孢噻吩钠, 先锋 I 号　Cefalotina sódica

头孢来星, 先锋 III 号　Cefaloglicina

头孢唑林钠, 先锋 V 号　Cefazolina sódica

头孢乙腈, 先锋 VII 号　Cefacetrila

头孢硫脒, 先锋18　Cefatiamidina

头孢沙定　Cefroxadina

头孢替唑　Ceftezol

头孢噻啶, 先锋 II 号　Cefaloridina

头孢氨苄, 先锋 IV 号　Cefalexina

头孢拉定, 先锋 VI 号　Cefradina

头孢匹林, 先锋 VIII 号　Cefapirina

头孢羟氨苄　Cefadroxil

头孢罗齐　Cefprozil

第二代　Cefalosporinas de 2ª geração

头孢呋辛钠　Cefuroxima sódica

头孢呋辛　Cefuroxima

头孢尼西　Cefonicida

头孢克洛　Cefaclor

头孢拉宗, 头孢布宗　Cefbuperazona

头孢替坦　Cefotetam

氯碳头孢, 氯拉卡比　Loracarbefe

头孢替安　Cefotiam

头孢西丁　Cefoxitina

头孢孟多　Cefamandol

头孢美唑钠　Cefmetazol sódico

头孢雷特　Ceforanida

头孢罗齐　Cefprozil

第三代　de terceira geração

头孢地尼　Cefedinir, cefdinir

头孢卡品　Cefcapene pivoxil

头孢曲松钠　Ceftriaxona sódica

头孢他啶　Ceftazidima

头孢克肟　Cefixima

头孢地嗪　Cefodizima

头孢特仑酯　Cefteram pivoxil

头孢布烯, 头孢布坦　Ceftibuteno

头孢噻肟钠　Cefotaxima sódica

头孢哌酮钠　Cefoperazona sódica

头孢唑肟　Ceftizoxima

头孢甲肟　Cefmenoxima

头孢匹胺　Cefpiramida

头孢磺啶, 头孢磺吡苄钠　Cefsulodina sódica

拉氧头孢, 拉他头孢　Moxalactama, latamoxef　头孢米诺　Cefminox

头孢替坦二钠　Cefotetano dissódico　头孢泊肟　Cefpodoxima

第四代　de quarta geração

头孢唑喃钠　Cefuzonam sódico　氟氧头孢钠　Flomoxef sódico

头孢匹罗　Cefpiroma　头孢吡肟　Cefepima

头孢噻夫　Ceftiofur

第五代　de quinta geração

广谱、抗MRSA头孢类抗生素　Ceftobiprole

I　病原生物

微生物　microorganismo　致病微生物　microorganismo patogénico

致病媒介, 病原　agente patogénico　病毒　vírus

轮状病毒　rotavírus　细菌　bactéria

杆菌　bacilo　大肠埃希菌, 大肠杆菌　escherichia coli

链球菌　estreptococo　金黄色葡萄球菌　estafilococo áureo

肺炎链球菌　pneumococo　淋病奈菌　gonococo

脑膜炎奈瑟菌　meningococo　衣原体　clamídia

条件致病菌　真菌　fungo

germes oportunistas, bactérias oportunistas　白假丝酵母, 白色念珠菌　candida albicans

乳杆菌　lactobacilo, lactobacillus　原虫　protozoário

寄生虫　parasita　蜱, 螨　ácaro

蠕虫　verme

J　器械，材料

针　agulha　圆针　agulha de ponta redonda

角针　agulha de ponta triangular　手术刀　bisturi

外科缝合针　agulha para sutura　肠线　catgut

铬羊肠线　catgut cromado　平制羊肠线　catgut plano

缝合丝线　seda　缝合棉线　algodão

聚丙烯缝线　polipropileno　聚乙交酯缝线　ácido poliglicólico

剪刀　tesoura　镊子　pinça

钳子　alicate　止血钳　pinça hemostática

柯克镊子　pinça Cocher　钻　broca

锯　serra　产钳　fórceps

鼠齿镊子　pinça dente de rato　弯盘　cuba rim

消毒盆　cuba redonda　方托盘　cuba rectangular

托盘　bandeja

套管针　trocarte

套管　cânula

包扎包　pacote de curativo

棉签　cotonete, haste flexível

绷带　ligadura

包扎巾　bandagem

纱布　gaze

创可贴　penso-rápido

消毒手套　luvas estéreis

压舌板　espátula

注射器　seringa

听诊器　estetoscópio

白大褂　bata

试管　tubo de ensaio

试纸　tira reagente

漏斗　funil

冰袋　bolsa de gelo

小便器　urinol, comadre

恒温箱　termostato

紫外线灯　lâmpada ultravioleta

无影灯　lâmpada de cirurgia

消毒蒸锅　autoclave

抢救推车　carrinho de emergência

救护车　ambulância

瓶　garrafa

瓶盖　tampinha de garrafa, tampinha para frasco

洗脸毛巾　toalha de rosto

凿子　cinzel

锥形套管针　trocarte de ponta cónica

Luer-Lok 连接器　conector Luer-lock

棉花　algodão

棉球　bolas de algodão

三角巾　bandagem triangular

敷料, 包扎　compressa, penso, curativo

胶布, 橡皮膏　adesivo, esparadrapo

橡皮手套　luvas de borracha

一双手套　um par de luvas

采血针　agulha de colecta de sangue

输液架　anteparo, suporte para soro

显微镜　microscópio

氧气筒　cilindro de oxigénio

试剂　reagente

量杯　copo graduado

吸管　canudo, palhinha

热水袋　bolsa de água quente

冰箱　geleira

干燥箱　câmara de secagem

灭菌灯　lâmpada germicida

读片灯　negatoscópio

手电筒　lanterna

担架　maca

卫生纸　papel higiénico

小药瓶　frasco

一次性杯子　copo descartável

枕套　fronhas

K 食物

谷物　cereais

蔬菜和瓜果类　verduras, legumes e frutas

豆类　feijões

奶、牛奶　leite

人造黄油　margarina

奶酪　queijo

脱脂奶　leite desnatado

火腿　presunto, fiambre

根茎类　tuberculoses e raízes

肉类和蛋类　carnes e ovos

奶和奶制品　leite e derivados

奶粉　leite em pó

酸奶　iogurte

脂肪不多的食品　alimentos pobres em gordura

全脂奶　leite integral

瘦肉　carne magra

杂碎（动物内脏）　miúdos

鱼类　peixes

虾　camarão

蛤蜊　ostras

龙虾　lagosta

苹果　maçã

柚子　toranja, toronja

葡萄　uva

油梨　abacate

干果　frutas secas

无花果　figo

核桃　nozes

杏仁　amêndoa

花生　amendoim

美国核桃　nogueira-pecã

水田芥　agrião

西红柿　tomate

菜花　couve-flor

芹菜　aipo

大椒、青椒　pimentão（br.），
　　pimento（pt.）

胡椒　pimenta

菠菜　espinafre

洋葱　cebola

小萝卜　rabanete

豌豆　ervilha

土豆　batata

木薯　mandioca

米　arroz

面包　pão, pães

牛角面包　croissant

饼　torta

煎饼　panqueca

香肠, 小香肠　salsicha

巧克力　chocolate

方便面　sopa instantânea

调味品　condimentos

油　óleo

植物性脂肪　gorduras vegetais

去皮鸡肉　frango sem pele

海鲜（不包括鱼类）　frutos do mar

蟹　caranguejo

沙丁鱼　sardinha

水果　fruta

柑橘　laranja

橙汁　sumo de laranja

草莓　morango

猕猴桃　kiwi

葡萄干　uva passa

枣　tâmara

榛子　avelã

腰果　castanha de caju

开心果　pistache, pistacho

蔬菜　vegetais

黄瓜　pepino

卷心菜　couve

西兰花　brócolos

白菜　repolho

辣椒　pimenta-malagueta, piri-piri, gindungo

四川花椒　pimenta Szechuan

大蒜　alho

萝卜　nabo

黄豆　soja

甜菜　beterraba

白薯　batata doce

山药　inhame

面条　macarrão

冰淇淋　gelado, sorvete

蛋糕　bolo

爆米花　pipoca

西红柿酱　ketchup, molho de tomate

腊肠, 香肠　chouriço

饼干　biscoito, bolacha

罐头食品　comida enlatada, enlatados

食用盐　sal de cozinha（de mesa）

橄榄油　azeite

油腻、腌制和罐头食品
　　alimentos gordurosos, salgados e enlatados

Abreviaturas usadas em UCI e ginecologia e obstetrícia

AIT	短暂性脑缺血发作	Ataque Isquémico Transitório
AVCH	出血性脑卒中（出血性中风）	Acidente Vascular Cerebral Hemorrágico
AVCI	缺血性脑卒中（缺血性中风）	Acidente Vascular Cerebral Isquémico
BAVT	完全性房室传导阻滞	Bloqueio Auriculoventricular Total
BCP	支气管肺炎	Broncopneumonia
BIA	主动脉内飘浮导管	Balão Intra-Aórtico Cateter Balão Intra-Aórtico
BO	手术室	Bloco Operatório
CAPD	持续性非卧床腹膜透析	Diálise Peritoneal Ambulatorial Contínua-DPAC
CC	外科中心	Centro Cirúrgico
CCA	门诊外科中心	Centro Cirúrgico Ambulatorial
CEC	体外循环	Circulação Extracorporal
CID, CIVD	弥散性血管内凝血（简称DIC）	Coagulação Intravascular Disseminada
CPAP	持续气道正压通气	Pressão Positiva Contínua nas Vias Aéreas
VPP	正压通气	Ventilação com pressão positiva
DA	前降支	Descendente Anterior
DB	突然减压	Descompressão Brusca
DC	心排血量	Débito Cardíaco
DM	糖尿病	Diabetes Mellitus
DPI	间歇性腹膜透析	Diálise Peritoneal Intermitente
DPOC	慢性阻塞性肺疾病	Doença Pulmonar Obstrutiva Crónica
EAP	急性肺水肿	Edema Agudo Pulmonar
ECG	心电图	Electrocardiograma
EEG	脑电图	Electroencefalograma
EH	肝性脑病	Encefalopatia Hepática
FA	心房颤动（房颤）	Fibrilhação（Fibrilação）Auricular
FAF	火器伤	Ferimento por Arma de Fogo
FC	心率	Frequência Cardíaca
FiO_2	吸入氧浓度	Fracção Inspirada de O_2

FR	呼吸频率　Frequência Respiratória
FV	心室颤动（室颤）　Fibrilação Ventricular
HA	高血压　Hipertensão Arterial
HD	诊断假设　Hipótese Diagnóstica
HDA	上消化道出血　Hemorragia Digestiva Alta
HDB	下消化道出血　Hemorragia Digestiva Baixa
QP	主诉　Queixa Principal
HSA	蛛网膜下腔出血　Hemorragia subaracnoideia
IAM	急性心肌梗死　Infarto Agudo do Miocárdio（enfarte agudo do miocárdio, EAM）
IC	心脏指数　Índice Cardíaco
ICC	充血性心力衰竭　Insuficiência Cardíaca Congestiva
ICO	冠状动脉功能不全　Insuficiência Coronária
IM	肌内注射　Injecção Intramuscular
IOMS	多系统器官衰竭　Insuf. Orgânica de Múltiplos Sistemas
IOT	经口腔气管插管　Intubação Orotraqueal
IRA	急性肾衰竭　Insuf. Renal Aguda
IRC	慢性肾衰竭　Insuf. Renal Crónica
IRpA	急性呼吸衰竭　Insuf. Respiratória Aguda
IS	收缩指数　Índice Sistólico
IV	静脉注射　Intravenoso, injecção intravenosa
LPA	急性肺创伤　Lesão Pulmonar Aguda
MP	心脏起搏器　Marca-passo
MRCP	心肺复苏术　Manobra de Ressuscitação Cardiopulmonar, Reanimação Cardiopulmonar（RCP）ou ainda Reanimação Cardiorrespiratória（RCR）
MV	肺泡呼吸音　Murmúrio Vesicular
O_2d	有氧量, 有效氧　Oxigénio disponível
OAA	急性血管堵塞　Obstrução（Trombose）Arterial Aguda
OAP	外周动脉堵塞　Obstrução（Trombose）Arterial Periférica
PAM	平均血压　Pressão Arterial Média
PAP	肺动脉压　Pressão da Artéria Pulmonar
PCP	肺部叩诊清音　Percussão Claro Pulmonar
PCR	心跳呼吸停止　Paragem cardiorrespiratória

PEEP	呼气末正压通气	Pressão Expiratória Positiva Final
PFC	新鲜冻血浆	Plasma Fresco Congelado
PIC	颅内压	Pressão intracraniana
PIM	心肌梗死后	Pós Infarto do Miocárdio
POAP	肺动脉阻塞压	Pressão de Oclusão da Artéria Pulmonar
POI	术后即刻	Pós Operatório Imediato
POT	术后	Pós Operatório Tardio
PSV	压力支持通气	Ventilação com Pressão de Suporte
PVC	中心静脉压	Pressão Venosa Central
RHA	肠鸣音	Ruído hidro-aéreo（Borborigmo）
RM	心肌血管重建	Revascularização do Miocárdio
RVP	肺血管阻力	Resistência Vascular Pulmonar
RVS	体循环血管阻力	Resistência Vascular Sistémica
SaO_2	动脉血氧饱和度	Saturação de Hb arterial
SARS	严重急性呼吸综合征	Síndrome respiratória aguda grave
SC	皮下注射	Subcutâneo, injecção subcutânea
SIMV	同步间歇指令通气	Ventilação Mandatória Intermitente Sincronizada
SNE	鼻肠管	Sonda Nasoentérica
SNG	鼻胃管	Sonda Nasogástrica
SvO_2	混合静脉血氧饱和度 Saturação da Hb da mistura a.pulmonar, saturação venosa mista	
TC	头颅扫描	Tomografia de Crânio
TCE	脑颅伤	Traumatismo cranioencefálico
TP	凝血酶原时间	Tempo de Protrombina
TSV	室上性心动过速	Taquicardia Supraventricular
TTPA	活化部分凝血活酶时间	Tempo de Tromboplastina Parcial Activada
TV	室性心动过速	Taquicardia Ventricular
TVP	深静脉血栓	Trombose Venosa Profunda
VCV	容量控制通气	Ventilação Controlada a Volume
VM	每分通气量	Volume Minuto
VO_2	耗氧量	Consumo de oxigénio
AFU	宫高	Altura do fundo do útero

APP	先兆早产　Ameaça de parto prematuro
APPT	先兆早产　Ameaça de parto pré-termo
ITP	临产　Início do trabalho de parto
DIP	盆腔炎　Doença inflamatória pélvica
DIPA	急性盆腔炎　Doença inflamatória pélvica aguda
DPP	预产期　Data provável do parto
DPP	胎盘早剥　Descolamento prematuro da placenta
DUM	末次月经　Data da última menstruação
CBT	诊断性刮宫　Curetagem biopsia total
CTG	胎心监护　Cardiotocografia
HTA	妊娠期高血压综合征　Hipertensão gestacional
HUA	子宫异常出血　Hemorragia uterina anormal
ICP	头盆不称　Incompatibilidade cefalo-pélvica, incompatibilidade feto-pélvica
IVG	人工流产, 自愿终止妊娠　Interrupção voluntária da gravidez
PTV	预防母婴感染（传播）　Prevenção da Transmissão Vertical
RABA	人工破膜　Ruptura artificial da bolsa das águas
RPM	胎膜早破　Ruptura prematura de membranas
SFA	胎儿宫内窘迫　Sofrimento fetal agudo
TP	分娩　Trabalho de parto

Apêndice: Traduções e respostas correctas para a Pate I

第二课　Segunda lição

E　练习例句译文

1. Chamo-me Rosa.　我叫罗莎。

2. Chama-se João.　他叫若奥。

3. O médico chama seu paciente em seu consultório.　医生在（他的）诊所里叫他的病人。

4. Nós estamos aqui e vocês estão aí.　我们在这儿, 而你们在（你们）那儿。

5. A casa está aqui.　这儿是房子（房子在这儿）。

6. O hospital está ali.　那儿是医院（医院在那儿）。

7. Hoje estou ocupado.　今天我忙。

8. Ora está muito calor, ora está muito frio.　（天气）一会儿很热, 一会儿很冷。

9. Eu tenho um lápis.　我有一支铅笔。

10. A criança tem dois anos.　这孩子两岁了（孩子有两岁）。

11. Hoje não temos aula.　今天我们不上课（没有课）。

12. Eu bebo água e tu bebes cerveja.　我喝水, 你喝啤酒。

13. O barco parte sempre a esta hora.　这船总是在这个时候（钟点）开。

第三课　Terceira lição

D　对话译文

— A senhora é enfermeira?　您是护士?

— Não, eu não sou enfermeira. Sou professora.　不, 我不是护士, 是老师。

— O senhor não é enfermeiro?　您不是护士吧?

— Não sou. Sou médico.　我不是。我是医生。

— Ele é condutor?　他是司机?

— Sim, ele é condutor.　是的, 他是司机。

F　练习例句译文

A Maria é uma mulher.　玛丽娅是（一个）女人。

（A Maria é mulher.）　玛丽娅是女人。

O pai do Pedro é um operário.　佩得罗的爸爸是（一名）工人。

（O pai do Pedro é operário.）　佩得罗的爸爸是工人。

Eu tenho um amigo português.　我有（一）个葡萄牙朋友。

O meu amigo português é um dentista.　我的葡萄牙朋友是（一）名牙科医生。

（O meu amigo português é dentista.） 我的葡萄牙朋友是牙科医生。

A Maria é a mulher do Pedro. 玛丽娅是佩德罗的女人（妻子）。

O Pedro é o marido da Maria. 佩德罗是玛丽娅的丈夫。

第四课 Quatra lição

C 对话译文

Aluno: Boa noite! Eu chamo-me João e sou português. E tu?

晚上好! 我叫若奥, 我是葡萄牙人。你呢?

Aluna: Chamo-me Ana e também sou portuguesa. E ele?

我叫安娜,（我）也是葡萄牙人。他呢?

Aluno: Ele chama-se Zhang Ping; é chinês.

他叫张平,（是）中国人。

Aluna: E ela?

她呢?

Aluno: Ela chama-se Wang Mei e também é chinesa.

她叫王梅, 也是中国人。

Aluna: E qual é a nacionalidade do professor?

老师是哪国人（哪国国籍）?

Aluno: É português; chama-se Álvaro Campos.

（是）葡萄牙人, 名叫阿尔瓦罗·坎波斯。

D 练习

仿照例句填空:

"Eu sou português; sou de Portugal. Eu falo português."

1. Ela é francesa; é（da）（França）. Ela（fala）francês.

2. Vocês（são）（ingleses）;（são）（da）Inglaterra.（Vocês）（falam）（inglês）.

3. A Mei e o Ping（são）chineses;（são）（da）（China）.（Eles）（falam）（chinês）.

4. A Sofia e a Gina（são）（italianas）.（São）（da）（Itália）.（Elas）（falam）italiano.

选词填空:

português / portuguesa / portugueses / portuguesas

1. Ela é（portuguesa）; fala（português）e chinês.

2. O João é（português）; só fala（português）.

3. Eles falam（português）mas não são（portugueses）.

4. Elas são（portuguesas）; falam muito bem（português）.

E　练习例句译文

1. Eu trabalho de dia e ela trabalha à noite.　我白天上班，她晚上上班。

2. Trabalham em três turnos fixos: manhã, tarde e noite.

　　（他们）上三个（固定的）班: 上午、下午、晚上。

3. Ele me dá apoio.　他支持我。

4. A ferida dá mau cheiro.　创口发臭。

5. Dou-lhe chá.　我给你泡茶。

6. Este carro não dá para tanta gente.　这车装不下这么多人。

7. Hoje faz muito frio.　今天（天气）很冷。

8. Os rapazes fazem a barba uma vez por semana.　这些小伙子一周刮一次胡子。

9. Faz a cama ao levantar-se.　起床后铺床。

10. A máquina faz muito barulho.　这机器声音太大（制造许多噪声）。

11. Quem faz o jantar em casa?　家里谁做（晚）饭?

12. Fumar faz mal à saúde.　抽烟有害健康。

13. O avô não sabe que eu já tenho dezoito anos?　爷爷您不知道我已经18岁了?

参考答案

1. Ele é médico.

2. Ele tem...anos.

3. Ele é de Chengdu, China.

4. Zhang Ping fala chinês.

5. Ele é chinês.

6. Sim. A Ana é a mulher do José, director do hospital.

7. É o...

8. Ele mora na Av. ...

9. Sim, ele sabe falar português. Ele fala português. Não. Ele não fala português. Ele fala um pouco de português.

10. Sim, ele trabalha no Hospital Central de Maputo.

11. Ele se chama José Soares.

12. A Ana é a mulher do José Soares.

13. Têm, eles têm crianças. Não, eles não têm criança.

14. Sim, ele é o marido da Ana.

15. Sim, ela é enfermeira. Não, ela é professora.

16. Não, o José é médico.

17. Eles têm dois filhos.

18. São. Os filhos são estudantes. Os seus filhos são estudantes. Sim, os filhos deles são estudantes.

19. Ela se chama Rita.

20. Sim, a Rita mora com os pais. Não, ela não mora com os pais.

21. Sim, ela é casada. Não, ela está solteira. （目前还是单身）

第六课　Sexta lição

C　练习例句译文

1. A Ana é nova e tem o cabelo comprido e liso. 安娜年轻, 留（有）顺滑的长发。

2. A Teresa é nova e tem o cabelo curto. 特雷莎年轻, 留（有）短发。

3. O senhor Antunes é velho, tem óculos e bigode, e é careca.
   安托内斯先生年纪大, 戴眼镜, 留小胡子, 秃顶。

4. O senhor José tem o cabelo curto e preto. 若泽先生留（有）黑色的短发。

5. O Joaquim é novo, gordo e tem o cabelo curto. 若阿金年轻, 胖胖的, 留短发。

6. A Alice é nova, bonita e tem o cabelo comprido e ondulado.
   爱丽丝年轻,（有）一头卷曲的长发。

7. A Maria é velha e tem óculos. Ela é simpática. 玛丽娅年纪大, 戴眼镜, 她很和气。

8. O Rui é novo, tem o cabelo curto e tem óculos. 路易年轻, 留短发, 戴眼镜。

9. O senhor Manuel não é muito velho mas tem uma barba muito branca.
   曼努埃尔先生年纪不是很大, 但胡子很白。

10. O António é preguiçoso. 安东尼奥人懒。

11. O sangue é vermelho, mas as veias são vistas azuladas. 血是红的, 但静脉看上去是蓝的。

12. A neve é branca. 雪是白色的。

13. O carvão é preto. 煤炭是黑色的。

14. As frutas, legumes e vegetais são ricos em vitaminas, minerais e fibras.
    水果和蔬菜富有维生素、矿物质和纤维。

第七课　Sétima lição

D　对话译文

— O que é isto? 这是什么?

— Isto é uma mesa. 这是桌子。

— O que é aquilo? 那是什么?

— Aquilo é uma cadeira. 那是椅子。

— O que é aquilo? 那（些）是什么?

— Aquelas são pinças. 那是（些）镊子。

— O que é isso? 这是什么?

— Isto é uma tesoura. 这是剪子。

— O que é isso? 这是什么?

— Isto é um termómetro. 这是温度计。

— Aquilo é um fonendoscópio（estetoscópio）？那是听诊器?

— Não, aquilo não é um fonendoscópio. É um esfigmomanómetro （aparelho de pressão）.

不, 那不是听诊器。是血压计。

第八课　Oitava lição

F　练习例句译文

1. O senhor deve falar com o director.　您应当去找院长（主任）。

2. Devemos fazer ginástica todos os dias.　我们应当天天做体操。

3. O director deve chegar logo.　院长（主任）该马上来了。

4. Este deve ser um trabalho muito difícil.　这工作会挺难的（这会是一项很难的工作）。

5. O que é que o senhor quer fazer agora?　您现在想干什么?

第九课　Nona lição

D　练习例句译文

1.　O pai leva o filho à escola. 父亲带孩子去上学。

2.　O filho traz um livro da escola. 儿子从学校带回一本书。

3.　A menina leva um chapéu muito bonito. 女孩子戴着一顶漂亮的帽子。

4.　Você toma o pequeno-almoço às 8 horas e às 10 horas está com fome? 您八点吃早饭,十点就饿了?

5.　O que você toma, chá ou café? 你喝什么, 茶还是咖啡?

6.　Eu tomo um comprimido depois do jantar. 我是（晚）饭后吃一片药。

7.　Hoje vou tomar banho. 今天我要洗澡。

8.　O homem toma-me o pulso, pulso normal. 他（这个人）给我号了号脉, 脉正常。

9.　Vou trazer-lhe um aparelho de pressão ainda amanhã. 明天就给你带个血压计。

10.　Ele vai fazer análise de sangue amanhã? 他明天验血?

11.　Ele quer fazê-lo agora. 他现在就想做。

12.　Quero fazê-lo já agora. 我现在就想要做。

F　泛读课文译文

— Está? É de casa do Dr. Simões? 喂, 您那儿是西蒙大夫吗?

— Sim, sou eu. 是我。

— Daqui fala Alice Pontes. Posso ir agora ao seu consultório, doutor?

我是爱丽丝·蓬特斯。现在我能去您的诊所看病吗?

— Agora não pode. Estou muito ocupado. Só mais tarde. 现在不行。我很忙。只能晚些时候。

— Então, a que horas posso ir até aí? 那么几点钟可以去您那儿?

— O que é que tem? 您怎么啦?

— Estou muito doente. Dói-me a cabeça e tenho febre. 我病得厉害, 头疼发烧。

— Tem tosse? 咳嗽吗?

— Não tenho. Acho que estou constipada. 不咳嗽。我想是伤风感冒了。

— Há quanto tempo é que a senhora está assim doente? 您病了多长时间了?

— Desde há dois dias. 前天开始。

— Há alguém em casa que também fica doente? 家里还有其他人也病了?

— Há, sim. O meu marido também está com febre. 有。我丈夫也发烧。

— Bem, nesse caso tenho de atendê-los agora mesmo.
　　好吧, 这样, 你们现在就来 (现在就得接待你们)。

— Muito obrigada, até já. 多谢, 一会儿见。

第十课　Décima lição

C　泛读课文译文

— Que horas são? 现在几点?

— É uma hora. 一点钟。

— É meio-dia. 十二点 (正午)。

— É meia-noite. 半夜十二点 (子夜)。

— São sete horas. 七点钟。

— São cinco horas da tarde. (São dezassete horas.) 下午五点 (十七点钟)。

— São onze horas da noite. (São vinte e três horas.) 晚上十一点 (二十三点钟)。

— São nove e um quarto. 九点一刻。

— São duas e meia. 两点半。

— É um quarto para as três. 差一刻三点 (两点四十五分)。

— São três e vinte. 三点二十分。

— São vinte e cinco para as duas (São duas menos vinte e cinco.) 一点三十五分。

— São dez para as seis. (São seis menos dez.) 六点差十分 (五点五十分)。

E　练习例句译文

1. O meu pai trabalha numa farmácia. 我父亲在药房工作。

2. A minha mãe trabalha no Hospital Huaxi. 我妈妈在华西医院工作。

3. A sua irmã é enfermeira. 她 (他) 姐姐 (妹妹) 是护士。

4. Um dos seus irmãos estuda na China.有一个兄弟在中国学习。

5. Os nossos carros estão aqui. 我们的车在这儿。

6. As nossas bandeiras são vermelhas. 我们的旗子是红色的。

7. Este é o meu estetoscópio (fonendoscópio). 这是我的听诊器。

8. Aquele esfigmomanómetro （aparelho de pressão） não é seu. 那个血压计不是你的。

第十一课　Décima primeira lição

C　练习例句译文

1. Você vai sair e nós ficamos em casa. 你要出去, 我们留在家里。

2. Ele não pode ficar sozinho. 他不能一个人待着。

3. Fico muito cansada depois de uma aula. 一堂课后我累得很。

4. Eu fico muito contente com este novo carro. 这新车我很满意。

5. Sempre que eu tenho gripe fico com 40℃ de febre. 我一感冒就发烧40摄氏度。
（这儿40℃读成quarenta graus ）

6. Ela vê televisão todos os dias. 她每天看电视。

7. Sem óculos ele não vê nada. 不戴眼镜他什么也看不见。

8. Olho para frente e não vejo nada. 我往前看了看, 什么也没有看见。

9. Ele diz que elas vão chegar amanhã. 他说她们明天到。

10. O senhor quer mais café? 您要不要再来点咖啡?

第十二课　Décima segunda lição

E　练习例句译文

1. Ponho as mãos sobre a mesa. 我把手放在桌子上。

2. Eu só ponho dinheiro no banco. 我的钱只存银行。

3. Vai pôr sal ou açúcar na sopa? 汤里放糖还是放盐?

4. Nós entramos na sala de aula às oito e meia. 我们八点半进教室。

5. Ele sai do hospital às cinco da tarde. 他下午五点离开（走出）医院。

6. A mãe senta-se ao lado do seu filho. 妈妈坐在孩子旁边。

F　泛读课文一译文

1. — Vai trabalhar agora?（你, 他）现在（马上）就干?

 — Vou trabalhar agora.（我）现在（马上）就干。

 — Vamos trabalhar agora.（我们）马上干。

 — Quer trabalhar agora? 现在就想干?

 — Gosta de trabalhar agora? 你想现在就干?

 — Deve trabalhar agora?（你, 他）现在就该干?

 — Pode trabalhar agora?（你, 他）现在可以干了吗?

 — Tem de trabalhar agora?（你, 他）现在得干?（不得不）

 — Hei-de trabalhar agora! 我现在就要干!（发自内心的）

2. — Vai sair agora?（你, 他）现在（马上）就出去?

 — Quer sair agora?（你, 他）现在就（想）出去?

 — Gosta de sair agora?（你, 他）（想）现在就走?

— Devemos sair agora? (这时候我们就)该走啦?

— Posso sair agora? (现在我)可以出去了吗?

— Temos de sair agora. (我们)现在就得走。(必须)

— Hei-de sair agora. 现在我一定得走。(发自内心的)

3. — Vai começar agora? 现在(马上)就开始?

— Quer começar agora? (愿意)马上开始?

— Gosta de começar agora? (你想)现在就开始?

— Devemos começar agora? 该开始了?

— Podemos começar agora? (现在)可以开始了吗?

— Tenho de começar agora. 现在就得开始。(必须)

— Hei-de começar agora. 现在就得开始。(发自内心的)

4. — Para onde quer ir agora? 你想去哪儿?

— A quais restaurantes você gosta de ir? 你喜欢去什么样的餐厅?

— O que devo fazer para parar essas dores? 怎样才能止痛?(为止住疼痛我应当做些什么?)

H 泛读课文二译文

Miguel:	Desculpe. O senhor é o doutor Zhang Ping? 对不起, 您是张平大夫?
Zhang Ping:	Sim sou. Sou o Zhang Ping. 是的, 我是张平.
	É o Miguel Santos? 您是米格尔·桑托斯?
Miguel:	Sou, sim. Como está? 是我. 您好吗?
Zhang Ping:	Bem, obrigado. 我挺好, 谢谢.
Miguel:	Estes são os meus pais. 这是我的父母.
Zhang Ping:	Muito prazer. Como estão os senhores? 非常高兴(认识你们). 二位好吗?
Sr. Santos:	Bem, obrigado. 我们挺好, 谢谢.
D. Ana:	Muito gosto, Doutor Zhang. Bem-vindo a Lisboa.
	很高兴(认识你), 张大夫. 欢迎您来里斯本.
Miguel:	Esta é a minha irmã Sofia. 这是我妹妹索菲娅.
Sofia:	Como está? 您好!
Miguel:	E este é o meu irmão Rui. 这是我哥哥路易.
Rui:	Olá! O senhor é o amigo do Miguel, não é? 您好! 您就是米格尔的好朋友, 是吧?
Zhang Ping:	Muito prazer em conhecê-lo. 很高兴认识你.
Rui:	O prazer é todo meu. 我也很高兴(认识你).
Zhang Ping:	Prazer, Zhang Ping, chefe da equipa médica chinesa.
	我是中国医疗队队长张平. (这个Prazer是个客套, 意思是 "很高兴认识你们/和你们说话/见到你们等等。)

G　练习例句译文

1. O que devemos comer ao pequeno-almoço? 早餐应该吃什么?

2. Bebem vinho tinto ou branco ao jantar. 晚餐喝红葡萄酒或白葡萄酒。

3. Dorme bem durante a noite? 晚上睡得好吗?

4. Não posso descansar agora, porque tenho muito trabalho.
现在我不能休息, 因为我很忙(有很多工作)。

5. Agora pode entrar. 现在可以进来了。

6. O senhor pode sentar-se ao meu lado. 您可以坐在我旁边。

7. Há dois dias que não come. 两天没有吃东西了。

8. Como bem e não durmo mal. 吃饭香, 睡得也不错。

9. Fumar e beber faz mal à saúde. 抽烟喝酒对身体不好。

10. Nós estamos a jantar. 我们在吃晚饭。

11. Jantamos todos os dias na mesma hora. 我们每天正点(同一钟点)吃晚饭。

12. O director está a chegar. 院长要来了(正在来的路上)。

13. O director vai chegar agora mesmo. 院长马上就要来。

14. O director deve chegar já. 院长会马上就来(应该就要来了)。

15. O director sempre chega muito cedo. 院长总是来得很早。

16. O director nunca chega tarde. 院长从不迟到。

17. Vou ver se está a chover. (我)去看看是否在下雨。

18. Neste momento está a chover aí?　现在(这个时候)你们那儿在下雨?

19. No verão, chove quase todos os dias . 夏季几乎天天下雨。

20. Estou a beber água. 我在喝水。

21. Não bebo água ao jantar. 晚餐时我不喝水。

22. Ele está a dormir a esta hora? 他这个时候在睡觉?

23. Durmo 8 hora ao dia. 我每天睡8个小时。

H　对话译文

— Costuma ir ao restaurante? 经常(习惯)去餐馆吃饭?

— Costumo. 常去(习惯)。

— Muitas vezes? 常常去(次数很多)?

— Vou sempre ao sábado e ao domingo. 我总是星期六和星期天去。

— Costuma ir ao cinema? 经常(习惯)去看电影?

— Não, não costumo. Gosto mais de ver televisão. 不常去。(更)喜欢看电视。

— Vai muitas vezes ao estádio? 常常去体育场?

— Vou. Gosto muito de futebol. 老去, 很喜欢足球。

— Vai ao casino? 去赌场吗?

— Não, nunca vou. 从来不去。

— E à piscina? 游泳呢?

— Vou às vezes. 有时候去。

— Vai muitas vezes viajar para o estrangeiro? 经常出国?

— Vou poucas vezes. 很少去。

第十四课　Décima quarta lição

D　练习例句译文

1. O médico pede exame de sangue e chapa (radiografia) do pulmão. 医生要求验血和拍肺部X线片。

2. O médico pede à enfermeira para dar uma dose de 20 mg ao doente.
   医生要护士按20毫克的剂量给药。

3. É melhor ouvir o conselho do médico. 最好听医生的(劝告, 建议, 意见)。

4. O doente deve ouvir os conselhos do seu médico. 病人应当听医生的(劝告, 建议, 意见)。

5. Não devemos comer frutas com o estômago vazio. 不能空腹吃水果。

6. Você deve falar em voz alta. 你应当大点声。

7. Você não vai sentir nada. 不会有事。(你不会有什么感觉的。)

8. Em caso de sentir tonturas, não deve fechar os olhos. 要是觉得晕, 不要闭眼睛.。

9. Sozinho você não vai conseguir. 你自己一个人不行(做不到)。

10. Sem calmante não consigo dormir bem durante a noite. 不吃安眠药晚上睡不好觉。

11. Se fico triste, perco o apetite. 心情不好, 胃口就差(我一难过就没有胃口)。

12. Doutor, vou perder os sentidos? 大夫, 我会失去知觉吗?

F　练习例句译文

1. O João é mais alto do que o Pedro. 若奥比佩德罗个儿高。

2. Ontem o tempo estava mau. Hoje ainda está pior. 昨天天气不好, 今天更糟。

3. Levanto-me sempre cedo, mas anteontem ainda me levantei mais cedo do que habitualmente.
   我常常起得早, 前天比平常起得更早。

4. — Sentes-te bem? 你怎么样(感觉还好)?
   — Hoje sinto-me melhor. 今天(感觉)好些了。

5. O inverno em Portugal é menos frio do que na Alemanha. 葡萄牙冬天不如德国冷。

6. A minha mala está mais pesada do que a tua. 我的箱子比你的重。

7. Este tratamento é mais eficaz do que aquele. 这一疗法比那种更有效。

8. Ela está tão alta como eu. 她和我一样高。

9. Este texto é muito difícil. Não há outro mais fácil. 这课文很难, 没有更简单的了。

10. É melhor deixar de fumar. 最好不要再抽烟了。

H　练习例句译文

1. Qual é a profissão do Pedro? 佩德罗是干什么的?

2. É casado? 结婚了吗?

3. Onde é que ele trabalha? 他在哪儿工作?

4. Como é que ele vai para o trabalho? 他上班怎么个去法?

5. A Ana vai ao hospital a pé? 安娜是步行去上班?

6. Eu vou ao hospital de bicicleta. 我骑自行车上班。

7. A mulher do António costuma almoçar fora? 安东尼奥的妻子习惯在外边吃中午饭?

8. E o António, onde costuma almoçar? 那么安东尼奥经常在哪里吃中午饭?

9. Que comida mais gosta? 最喜欢吃什么菜?

10. Você gosta de comida chinesa? 你喜欢吃中餐?

11. O que é que gosta mais de fazer nos tempos livres? 空闲时间最喜欢干什么?

12. Como é que ela é, a sua mulher? 你太太怎么样?（指肥胖，高矮等）

13. Como está a sua mulher? 你太太怎么样?（指身体健康状况如何）

14. Almoça sozinho ou com alguém? 自己吃呢还是和谁一起吃?

15. Quem é que faz anos?（今天）谁过生日?

16. Quando é que é o almoço? 什么时候吃中饭?

17. A que horas é? 几点呀?

18. E que horas são? 那么现在（是）几点钟?

阶段复习一　Revisão período I

B　填充练习

1. 用动词的陈述式现在时填空。

Chamo - me Rosa.

Chama-se João.

O médico chama seu paciente em seu consultório.

Nós estamos aqui e vocês estão aí.

A casa está aqui.

O hospital está ali.

Hoje estou ocupado.（estar, eu）

Eu tenho um lápis.（ter）

A criança tem dois anos.（ter）

Hoje não temos aula.（ter, nós）

Eu bebo água e tu bebes cerveja.（beber）

O barco parte sempre a esta hora.（partir）

2. 用ser的陈述式现在时填空。

Eu sou médico.

Tu és chinês?

Ele é médico, mas ela não é médica.

Nós somos médicos e elas são enfermeiras.

O senhor é o Doutor Afonso Henriques?

Sim, sou eu mesmo. E o senhor?

Eu sou Wang Lin, médico da equipa chinesa.

Nós somos chineses, somos de Sichuan.

De onde é ele? Ele é de Chengdu.

Ele é polícia, não é condutor.

3. 用定冠词和不定冠词填空。

A Maria é mulher.

A Maria é uma mulher.

O pai do Pedro é operário.

O pai do Pedro é um operário.

Eu tenho um amigo português.

O meu amigo português é um dentista.

O meu amigo português é dentista.

A Maria é a mulher do Pedro.

O Pedro é o marido da Maria.

4. 填写适当的反义词。

— Ele é alto.

— Mas ela é baixa.

— Eles são gordos.

— Mas elas são magras.

— Eles são velhos.

— Mas o José e o João são novos.

— O Mário é forte.

— Mas o Rui é fraco.

5. 填写适当的指示代词。

— O que é isto?

— Isso é uma mesa.

— O que é aquilo?

— Aquilo é uma cadeira.

— O que é aquilo?

— Aquelas são pinças.

— O que é isso?

— Isto é uma tesoura.

— O que é isso?

— Isto é um termómetro.

— Aquilo é um fonendoscópio（estetoscópio）？

— Não，aquilo não é um fonendoscópio.

— Esta maçã está aqui.

— Aquelas bananas estão ali.

6. 填写适当的变位动词。

Eu trabalho de dia e ela trabalha à noite.

Trabalham em três turnos fixos: manhã, tarde e noite.

Ele me dá apoio.

A ferida dá mau cheiro.

Dou-lhe chá.

Este carro não dá para tanta gente.

Hoje faz muito frio.

Os rapazes fazem a barba uma vez por semana.

A máquina faz muito barulho.

Quem faz o jantar em casa?

Fumar faz mal à saúde.

Ele não sabe que fazer.

O avô não sabe que eu já tenho dezoito anos?

O pai leva o filho à escola.

O filho traz um livro da escola.

A menina leva um chapéu muito bonito.

A operação deve levar cerca de uma hora.

Você toma o pequeno-almoço às 8 horas e às 10 horas está com fome?

O que você toma, chá ou café?

Eu tomo um comprimido depois do jantar.

Vou tomar já um banho.

O homem toma -me o pulso, pulso normal.

Vou trazer-lhe um aparelho de pressão ainda amanhã.

— Ele vai fazer análise de sangue amanhã?

— Ele quer fazê-lo agora.

— Quero fazê-lo já agora.

7. 填写适当的人称代词。

Eu sou médico.

Ele me dá um comprimido todos os dias.

Nós somos médicos.

O pai dá - nos cada dia o pão necessário.

Ele（ela, você）vem da escola.

Fazemos- lhe um grande favor.

Tu és o amigo do meu filho, o Pedro?

A fruta faz- te bem.

C 翻译下列句子

我父亲在药房工作。O meu pai trabalha numa farmácia.

我妈妈在华西医院工作。A minha mãe trabalha no Hospital Huaxi.

她（他）的 姐姐（妹妹）是护士。A sua irmã é enfermeira.

他（她）的一个兄弟在中国学习。Um dos seus irmãos estuda na China.

我们的车在这儿。Os nossos carros estão aqui.

我们的旗子是红色的。As nossas bandeiras são vermelhas.

这是我的听诊器。Este é o meu estetoscópio.

那个血压计不是你的。Aquele esfigmomanómetro não é seu.

你要出去，我们留在家里。Você vai sair e nós ficamos em casa.

他不能一个人待着。Ele não pode ficar sozinho.

她每天看电视。Ela vê televisão todos os dias.

不戴眼镜他什么也看不见。Sem óculos ele não vê nada.

我往前看了看，什么也没有看见。Olho para frente e não vejo nada.

她说他们明天到。Ela diz que eles vão chegar amanhã.

您要不要再来点咖啡？O senhor quer mais café?

（你）汤里放糖还是放盐？Vai pôr sal ou açúcar na sopa?

我们八点半进教室。Nós entramos na sala de aula às oito e meia.

他下午五点离开（走出）医院。Ele sai do hospital às cinco da tarde.

妈妈坐在孩子旁边。A mãe senta-se ao lado do seu filho.

（你）早餐吃什么？O que toma ao pequeno-almoço?

（我们）晚餐喝红葡萄酒或白葡萄酒。Bebemos vinho tinto ou branco ao jantar.

（你）晚上睡得好吗？Dorme bem durante a noite?

现在我不能休息，因为我很忙。Não posso descansar agora, porque tenho muito trabalho.

（你）现在可以进来了。Agora pode entrar.

您可以坐在我旁边。O senhor pode sentar-se ao meu lado.

最好听医生的（劝告，建议，意见）。É melhor ouvir o conselho do médico.

病人应当听医生的（劝告，建议，意见）。O doente deve ouvir os conselhos do seu médico.

没有事。（你不会有什么感觉的。）Você não vai sentir nada.

不吃安眠药晚上睡不好觉。Sem calmante não consigo dormir bem durante a noite.

你做什么工作? O que faz o senhor?

你在干什么? O que está a fazer?

我在购物。Estou a fazer compras.

他们在量体温。Eles estão a medir a temperatura.

第十五课　Décima quinta lição

E　泛读课文译文

Pedro:　　　　Bom dia. 你好。

Empregado:　Bom dia. Que desejam? 你好, 要点什么?

Pedro:　　　　Nós queríamos ver aquela camisa. 想看看那件衬衣。

Empregado:　Qual? 哪一件?

Pedro:　　　　Aquela amarela. 那件黄颜色的。

Empregado:　Aqui está. Temos outras cores. 给。还有其他颜色的。

Pedro:　　　　Gosto desta. Manuel, achas que esta camisa é bonita?
　　　　　　　喜欢这件。马努埃尔, 你觉得这件衬衣漂亮吗?

Manuel:　　　Acho. Quanto custa?　漂亮。多少钱?

Empregado:　São 30（trinta）euros. 30欧元。

Pedro:　　　　Faz desconto?　打折吗?

Empregado:　Está bem. Vocês são simpáticos. Faço 10%（dez por cento）de desconto.
　　　　　　　可以。你们挺客气的, 打九折吧。

Manuel:　　　Então a camisa custa 27（vinte e sete）euros. 这么说这件是27欧元。

Empregado:　Exactamente. 是的。

第十七课　Décima sétima lição

F　泛读课文译文

— Quer ir ao cinema? 想去看电影吗?

　à ópera? 想去看歌剧吗?

　à praia? 想去海滩吗?

　à piscina? 想去游泳吗?

　ao estádio? 想去体育场吗?

— Sim, quero. 想去。

　Está bem. 好吧。

　Vamos. 我们去吧。

　Boa ideia. 好主意。（这主意不错。）

— Não, não quero. 我不想去。

　Hoje não posso. Vamos amanhã. 今天不行, 明天去吧。

Desculpe, não tenho tempo. 对不起，没有空。

Não tenho dinheiro. 没有钱。

É muito caro. 挺费钱的。

Não, não gosto de ópera. 不，我不喜欢看歌剧。

Não, não sei nadar. 不行，我不会游泳。

Não posso, não tenho tempo. 不行，我没有空（时间）。

Não posso. Tenho de trabalhar. 去不了，我得干活。

第十八课　Décima oitava lição

C　语法例句译文

A Ana nasceu em 1997. 安娜生于1997年。

Falou com ele? 跟他说了吗?

Abrimos a janela. 我们打开了窗子。

Morreu-lhe o marido de tuberculose em 31 de Outubro de 1920.
1920年10月31日她丈夫得肺结核病死了。

D　练习例句译文

1. Ele não me disse nada. 他什么也没有跟我说。

2. Eles nos trouxeram muita fruta. 他们给我们带来了许多水果。

3. Eu fiz um aborto. 我打胎了。

4. Ontem eu fiz, mas hoje não posso fazer. 昨天我做了，但今天我做不了。

5. Alguém viu a minha caneta? 谁看见我的钢笔了?

6. O João veio a minha casa, mas os seus colegas não quiseram vir cá.
   若奥来我家了，但他的同事们不想来。

7. Deu-nos todos os seus livros. 他把他的书都给了我们。

8. Eu nunca soube que essa doença não era tão pequena.
   我压根儿（从来）就不知道这病并不这么简单。

9. Nós estivemos uma semana em Pequim. 我们到北京去了一星期。

10. Na manhã seguinte, a galinha pôs outro ovo de ouro.
    第二天早上母鸡又生了一个金蛋。

11. O menino caiu no rio e morreu afogado. 小孩掉在河里，淹死了。

12. O médico saiu ainda agora. 医生刚刚出去。

13. Na terça-feira ela e a filha tiveram consulta com a pediatra, Dra. Ana.
    礼拜二她带孩子去看了儿科医生安娜大夫。

14. Ontem comprei um portátil novo. 昨天我买了个新手机。

15. Hoje o tempo esteve melhor, solinho e temperatura amena.
    今天天气不错，阳光明媚，气温宜人。（解释：这最后一句用的是过去时，只能在当天傍晚或晚上说方可。）

第十九课　Décima nona lição

D 泛读课文译文

No consultório 诊所里

— O que é que tem? 你怎么啦?

— Dores de cabeça e no corpo. 头疼, 浑身疼。

— Tem febre? 发烧吗?

— Não sei. Mas acho que sim. Sinto-me muito quente. 不知道。我看是发烧了。觉得很热。

— Então vamos ver se tem febre. 那么看一看你是否发烧了。

— Tem dores de garganta? 嗓子疼吗?

— Não, não tenho. 不疼。

— Há quanto tempo está doente? 病了多长时间啦?

— Sinto-me mal há dois dias. Mas ontem fiquei pior. 前天感到不舒服, 昨天就更糟糕了。

— Tomou alguma coisa? 吃过什么药吗?

— Só tomei uma aspirina. 只吃了点阿司匹林。

— Bom, está com febre. Tem 39℃, por isso é melhor ficar em casa dois dias. Tem gripe. Tem aí o seu cartão de saúde?

　发烧了, 39摄氏度。因此, 最好待在家里休息两天。你是感冒了。就医卡拿来了吗?

— Tenho sim. 拿来了(有)。

— Pode tomar este antibiótico de oito em oito horas e tomar também estas vitaminas, duas vezes por dia, antes do almoço e depois do jantar.

　这个抗生素是八小时服用一次, 还有这些维生素一天两次, 午饭前和晚饭后服用。

— Preciso de um atestado médico para justificar as faltas. 我要请病假, 需要开医生证明。

— Com certeza. Tem o bilhete de identidade? 没问题。身份证带来了吗?

— Faz favor. 给。

— Adeus e as melhoras. 再见, 愿你早日病愈。

— Obrigado. 谢谢。

第二十课　Vigésima lição

D 练习译文

— Para onde vai o senhor? 您去哪儿?

— Vou ao hospital. 去医院。

— Já foi à escola? 去(过)学校啦?

— Ainda não fui lá. 还没有去呢。

— Vou à escola todos os dias. (如今)我每天去上学。

— Quando eu era criança ia todos os dias à escola. 小时候每天去上学。

151

— Toma cerveja ao jantar? 你晚餐时喝啤酒?

— Eu tomo. 晚餐时喝啤酒。

— Toma cerveja ao jantar? 你晚餐时喝啤酒?

— Não tomo, mas tomava há três anos. 不喝。三年前喝。

— Por que deixou de tomar? 为什么不喝了?

— Tenho gota há mais de 3 anos. O médico aconselhou-me a deixar de tomar cerveja.
我得痛风三年多了。医生劝我不要再喝啤酒了。

— Já bebeu o café? 喝咖啡了?

— Não bebi. Não me sinto bem e nem quero beber. 没有喝。感到不舒服,也不想喝。

第二十一课　Vigésima primeira lição

D　练习例句译文

1. Fale em voz alta! 说大声些!

2. Abra a boca e feche os olhos! 张开嘴,闭上眼睛!

3. Fique descansado! 请放心!

4. É melhor que coma pouco. 最好少吃些。

5. Talvez minha experiência possa ajudar. 也许我的经验能管用。

6. Vou conversar com o senhor, embora esteja neste momento muito ocupado com o meu trabalho.
我跟你聊一聊,尽管现在我工作很忙。

7. Eles vão atendê-la, mesmo que não seja nada de sério.
没有什么大毛病他们也接待您(给您看病)。

E　练习例句译文

1. Lembra o que o seu médico lhe disse? 医生给你说的都记住了吗?

2. Lembra o que o teu médico te disse. 记住医生给你说的话。

3. Tome este medicamento por via oral com um copo de água. 用水口服这些药。

4. Não se esqueça de que este medicamento é apenas para si. Não o partilhe com outros.
别忘了,这药只是给你吃的,不要跟别人分着吃。

5. Claro, nunca ninguém cá teve uma gripe, então é normal que as pessoas não saibam o que é e façam grandes alaridos.
可不是,我们这儿没有人得过流感,大家自然不知道流感是怎么一回事,于是都很惊慌。

6. Sente -se erecto, não deite a cabeça para trás. 坐直, 头不要向后仰。

7. Quando ocorre um sangramento pelo nariz, não se preocupe e procure seu médico otorrinolaringologista. 鼻子出血不要紧张,找一下你的耳鼻喉科医生。

8. Faça o que goste de fazer. 你喜欢怎么办就怎么办。

9. Então dispa-se lá. 你脱了吧。

10. Come legumes e frutas com frequência. （请）多吃蔬菜和水果。

11. Não coma doces em excesso. （请）不要吃太多的甜食。

12. Reduz o sal e as gorduras. （请）少吃盐和油腻食物。

13. Não bebas vinho ou bebidas alcoólicas. （请）不要喝酒.

F 泛读课文译文

1. O Pedro está doente 佩德罗生病了

Médico: Como **te sentes**? 你怎么啦？（你感到如何？）

Pedro: Muito mal. Não consigo trabalhar. Estudo, mas não aprendo nada.
Dói-me a cabeça e sinto-me fraco. Pego nos livros mas não os consigo ler.
很不好。(很难受）干不了事。学也学不进去。头痛, 无力。拿起书也读不进去。

Médico: **Tens** apetite? 胃口怎么样？

Pedro: Não...nunca me apetece nada. 没有胃口, 一直没有胃口。

Médico: **Estás** muito magro. Ninguém consegue trabalhar se não comer bem. **Vais** tomar estes medicamentos que eu **te** vou receitar. Pede à **tua** mãe para os comprar já hoje. E vou dar-**te** alguns conselhos que **deves** seguir. 你太瘦了。要是吃不好饭, 谁也干不了事。我给你开这些药你去吃, 你让你妈今天就去买。还有一些你要注意的事项。

2. José está doente 若泽生病了

Médico: Como **se sente**? 您怎么啦？ （您感到如何）

José: Muito mal. Não consigo trabalhar. Estudo, mas não aprendo nada. Dói-me a cabeça e sinto-me fraco. Pego nos livros mas não os consigo ler.
很不好。(很难受）干不了事。学也学不进去。头痛, 无力。拿起书也读不进去。

Médico: **Tem** apetite? 胃口怎么样？

José: Não...nunca me apetece nada. 没有胃口。一直没有胃口。

Médico: **Está** muito magro. Ninguém consegue trabalhar se não comer bem. **Vai** tomar estes medicamentos que eu **lhe** vou receitar. Peça ao **seu** filho para os comprar já hoje. E vou dar-**lhe** alguns conselhos que **deve** seguir. 您太瘦了。要是吃不好饭, 谁也干不了事。给您开这些药您去吃, 让你儿子今天就去买。还有一些您要注意的事项.

第二十二课　Vigésima segunda lição

F 泛读课文译文

O Sr. Carlos visita o Eng.º António. 卡洛斯先生看望工程师安东尼奥。

Carlos: Então, António, está melhor? 那么安东尼奥, 你好些了吗？

António: Olá, Carlos! Já estou um pouco melhor; obrigado. 你好, 卡洛斯! 我好些了。谢谢你。

Carlos: O que é que sente? 现在感到怎么样？

António: Tenho muitas dores de cabeça e muita febre. 头疼得厉害, 烧得厉害。

Carlos: E o que é que o médico diz? 医生怎么说啦？

António: Diz que é uma gripe. Estou a tomar alguns medicamentos, mas já estou melhor. Depois de amanhã vou trabalhar. 说是感冒。我正在吃一些药，已经好些了。后天要去上班了。

Carlos: Acho melhor ficar em casa até completamente bom. 我看（觉得）最好还是待在家里，等完全好了.

António: Como estão os nossos colegas?（我们的）同事们都挺好啊？

Carlos: O João e a Luísa já voltaram ao trabalho, mas o Lima ainda está doente.
若奥和路易莎已经回来上班了，但利马还病着。

...

Carlos: Bom, tenho de ir cumprimentar todos os colegas e o chefe.
好，现在我得去看看（问候）大伙儿和头头。

António: Ah, obrigado. Vocês são muito simpáticos. Cumprimentos a todos também.
那谢谢你了。你们太客气了。也向大伙儿问好。

Carlos: Adeus e as melhoras. 再见，早日康复。

No escritório, o Sr. Carlos fala com os colegas. 卡洛斯在办公室里和同事们聊天。

Carlos: Boa tarde. 下午好。

Colegas: Boa tarde, Sr. Carlos. Foi visitar o Eng.º António?
卡洛斯，下午好。你去看安东尼奥（工程师）了？

Carlos: Fui, à hora do almoço. 去了，吃午饭的时候去的。

Colegas: Como é que ele está? 他现在怎么样了？

Carlos: Está um pouco melhor. 好些了。

Colegas: O que é que ele tem? 他什么病？

Carlos: Tem gripe, mas o médico receitou alguns medicamentos, para ele tomar.
感冒，医生给他开了一些药让他吃。

Colegas: Logo à noite, vamos telefonar ao Eng.º António.
今天晚上我们给安东尼奥工程师打电话。

第二十三课　Vigésima terceira lição

E　练习例句译文

1. Lu Xun escreveu " O Remédio". 鲁迅路写了《药》。

2. " O Remédio" foi escrito por Lu Xun. 《药》是鲁迅写的。

3. A empregada limpa as salas todos os dias. 服务员每天打扫教室。

4. As salas são limpas todos os dias pela empregada. 教室是每天由服务员打扫的。

5. O enfermeiro vai dar medicamentos ao paciente . 护士给病人药。

6. Os medicamentos vão ser dados pelo enfermeiro ao paciente. 药是由护士发给病人的。

7. Assinaram o atestado de médico. 签了医生证明。

8. O atestado de médico já está assinado. 医生证明已签好。

9. Fazendo algo mais que simplesmente trabalhar pelo salário, você sentirá as alegrias de dar de si

mesmo em favor do mundo.

不仅仅是为挣钱而工作，这样做，你就会为他人做一点儿事而感到高兴。

阶段复习二　Revisão período II

B　填充练习

1. 填写适当的变位动词。

Há trinta anos eu <u>tinha</u>（ter）vinte anos e <u>morava</u>（morar）no Sul da China, numa aldeia pequena, numa casa muito velha.

Agora <u>tenho</u>（ter） cinquenta anos, e <u>moro</u>（morar）com a minha mulher e os meus dois filhos num apartamento moderno e confortável.

<u>Podia</u>（poder） dizer-me onde é a Av. da República?

<u>Podia</u>（poder） passar-me o açúcar, por favor?

2. 填写适当的前置词。

Ponho as mãos sobre a mesa.

O João é português, é de Lisboa.

Às duas e vinte e cinco eles voltam para o escritório e trabalham até às cinco e meia.

Às dez para as nove eles vão para o trabalho juntos.

Olho para frente e não vejo nada.

Você vai sair e nós ficamos em casa.

Tomo o pequeno-almoço todos os dias: de segunda a domingo.

Eles vão para casa.

O senhor deve falar com o director.

O enfermeiro vai dar medicamentos ao paciente.

" O Remédio" foi escrito por Lu Xun.

O João diz que trará presentes para todos.

Eu queria ir com vocês, mas infelizmente não tenho tempo.

Queria falar com o Dr. Nunes, por favor.

Você deve falar em voz alta.

Dorme bem durante a noite?

Estou com febre.

Vai pôr sal ou açúcar na sopa?

Nós entramos na sala de aula às oito e meia.

Ele sai do hospital às cinco da tarde.

A mãe senta-se ao lado do seu filho.

C　翻译下列句子

我小时候得过无法治愈的心脏病。

Quando eu era pequeno, sofria de uma doença cardíaca incurável.

劳驾，我想找努内斯博士（大夫）。Queria falar com o Dr. Nunes, por favor.

劳驾，把糖递给我。（能把糖递给我吗？）Podia passar-me o açúcar, por favor?

我一直起得早，但前天比往常起得更早。

Levanto-me sempre cedo, mas anteontem ainda me levantei mais cedo do que habitualmente.

—你感到怎样？ Sentes-te bem?

—今天好些了。Hoje sinto-me melhor.

她和我一样高. Ela está tão alta como eu.

谁看见我的钢笔了？ Alguém viu a minha caneta?

医生刚刚出去。 O médico saiu ainda agora.

他什么也没有跟我说. Ele não me disse nada.

要是发烧，请服用这些药片。Se tiveres febre, toma estes comprimidos.

请进! Entre, por favor.

安娜买了这些花。A Ana comprou essas flores.

这些花是安娜买的。Essas flores foram compradas pela Ana.

今天下午我们开会。 Vamos ter uma reunião esta tarde（logo à tarde）.

今天晚上我在家。 Estou em casa hoje à noite.

昨天晚上我也在家。 Ontem também estive em casa à noite.

上个礼拜我病了，发烧了。Na semana passada estive doente. Tive febre.

现在好了，不发烧。Agora estou bem. Já não tenho febre.

去年她死了丈夫。Morreu-lhe o marido no ano passado.

手臂动得了吗？ Consegues mexer o braço?

早饭习惯吃什么？ O que costuma tomar ao pequeno-almoço?

年轻时跟父母一起住，现在单住。

Quando era nova, vivia em casa dos pais. Agora vive sozinha.

第二部分

Uma senhora quer comprar um remédio para constipação（resfriado）
想买伤风感冒药的女士
（课文部分注译）

Na farmácia

— Boa tarde.

— Pois não, o que a senhora deseja. 那么您要点什么（要买什么药？ ）

— Estou com dor de cabeça, dores no corpo, não me sinto bem. O senhor tem algum remédio para constipação（resfriado）? 我头疼，身上疼，不舒服。您这儿有什么伤风感冒的药吗？

— Desculpe-me, mas aqui nós só vendemos com receita médica. A senhora precisa procurar um médico antes. 对不起，要有处方我们才卖药。您先得找个大夫。

— Não conheço nada aqui, aonde eu poderia ir? 我这儿一点儿不熟悉，不知道该去哪儿。

— Há um hospital na rua de cima, a senhora segue sempre em frente. A cerca de 200 metros vira à sua esquerda, e encontra o hospital a 20 metros do seu lado direito.

那一头有家医院, 您一直往前走, 走200来米往左拐, 医院就在右边20来米。

— Mas não é nada sério...不是什么大毛病……（这一句是O meu caso não é nada sério的简略。）

— Não tem problema, a senhora se encaminha à emergência, e eles vão atendê-la, mesmo que não seja nada de sério.

不要紧。您去急诊处, 没有什么大毛病也可以看。

— Está bem, obrigada. 那好, 谢谢。

No balcão de atendimento do Hospital.医院服务台。

— Bom dia, eu não me sinto bem, poderia ser atendida por um médico?

您好! 我身体不舒服, 能找个医生给（我）看看吗?

— Qual é o seu problema?

您怎么啦?

— Dor de cabeça, dores no corpo e muito cansaço.

— Vamos fazer uma ficha para a senhora. Por favor, preencha este impresso, com seu nome, endereço, e o nome do seu Plano de Saúde.

我们给您挂个号, 劳驾您填一下这张表, 写上您的名字, 地址, 医保服务名称。（ficha 是指要填写的卡;"医保服务名称"是巴西医疗保险制度的一种分类称谓。）

— Mas não é nada sério...

— É o regulamento, não podemos fugir dele. 这是规定。都得填（我们不能"逃离"这一规定）。

— Muito bem, vou preencher. 那好, 我填。

— Agora, aqui está a senha da senhora, preste atenção que vão chamá-la por este número.

这是您的号（号牌）, 注意到时候叫您这个号.

Duas horas depois: 两小时后:

— Número 87! 87号!

— Sou eu. 来了（我就是）。

— Por favor, senhora, siga por aquele corredor e entre na segunda porta à direita, que o médico vai atendê-la. 劳驾, 您顺着那条走廊, 进右边第二个门。（里面的）医生给您看病。

— Pois não. 好。

— Boa tarde, doutor.

— Boa tarde, então, o que a senhora está sentindo?

— Acho que estou com febre, sinto dores de cabeça, dores no corpo, e muito cansaço.

— Vamos examiná-la e tirar a temperatura. 给你看看, 量量体温。

— Está tudo normal. Acho que não é necessário medicá-la. Sou contra excessos de comprimidos. Acho que com um chá bem quente e uma boa noite de sono, a senhora vai ficar bem amanhã...

都正常。我看不用吃药。我反对乱吃药。我看喝一杯热茶, 睡个好觉你明天就全好了。

— Mas doutor, eu me sinto doente...大夫, 我感到有病……

— Doente que nada, a senhora está apenas um pouco cansada. Tente relaxar e verá que é melhor do que alguns comprimidos. 什么病也没有，只是有点疲劳。放松些，比吃药更管用。

— E nada de remédios, injecção, ou algo que o valha? 不要吃药，打针，或别的什么?

— A senhora está óptima. 您身体很好。

— Obrigada.谢谢。

— Não há de que. 不用谢。